LE GUIDE

DE L'INVENTEUR

ET DU FABRICANT.

LE GUIDE

DE

L'INVENTEUR

ET DU FABRICANT :

Par M. **JANNAUT**,

CHEF DE DIVISION A LA PRÉFECTURE DE LA GIRONDE.

BORDEAUX,

Chez **TH. LAFARGUE**, Imprimeur - Libraire ;

Éditeur,

RUE PUITS DE BAGNE-CAP, 8.

1854.

INTRODUCTION.

Les questions fréquentes qui me sont adressées dans l'exercice de mon emploi, au sujet de la loi du 5 Juillet 1844, sur les brevets d'invention, m'ont déterminé à publier les explications qu'elles exigent. Je les ai placées en forme de notes au-dessous de chaque article, afin qu'on puisse trouver la solution immédiatement après la difficulté.

J'y ai ajouté l'Arrêté du Chef du pouvoir exécutif, qui rend la loi du 5 Juillet applicable aux colonies, ainsi qu'une notice sur les formalités à remplir pour obtenir des brevets d'invention et d'importation en Angleterre, en Belgique et en Espagne, c'est-à-dire, dans les trois royaumes voisins de la France, avec lesquels le département de la Gironde entretient le plus des relations d'affaires.

Ainsi, l'inventeur pourra se guider lui-même, chez lui, à tout moment, et par conséquent, sans déplacement et sans perte de temps.

Toutefois, ces renseignements ne sont pas les seuls dont l'inventeur ait besoin. Ils lui suffiront, sans doute, pour prendre valablement un brevet, pour le conserver et même pour le défendre ; mais s'il veut l'exploiter, il rencontrera d'autres prescriptions légales qu'il ne doit pas ignorer.

Ce motif m'a engagé à faire suivre la loi du 5 Juillet et les explications qui l'accompagnent, des réglements relatifs aux établissements dangereux, insalubres ou incommodes.

Le brevet d'invention obtenu et l'établissement nécessaire à son exploitation formé, l'inventeur se trouve encore soumis à certaines obligations générales et de sûreté publique, notamment en ce qui concerne l'emploi de la vapeur comme force motrice, le commerce et l'emploi des substances vénéneuses. Une instruction basée sur l'ordonnance du 22 Mai 1843, l'ordonnance du 29 Octobre 1846, et le décret du 3 Juillet 1850, qui portent réglement à ce sujet, lui seront d'une utilité incontestable. Il les trouvera après la nomenclature des établissements dangereux, insalubres et incommodes.

Enfin, les ouvriers qu'il emploie sont soumis à des règles particulières. J'ai complété cette publication par la loi sur le contrat d'apprentissage, l'arrêté du Gouvernement relatif aux livrets et la loi concernant les avances de salaires.

Tel est l'ensemble de ce livre. En le publiant, je n'ai d'autre but que d'être utile à mes concitoyens, particulièrement à cette classe nombreuse d'hommes laborieux dont les travaux incessants contribuent si puissamment au progrès et à la richesse de mon pays.

LE GUIDE

DE L'INVENTEUR.

❦

LOI SUR LES BREVETS D'INVENTION

ANNOTÉE.

Du 5 Juillet 1844.

TITRE Ier.

DISPOSITIONS GÉNÉRALES.

ARTICLE 1.er

» Toute nouvelle découverte ou invention dans tous les genres » d'industrie confère à son auteur, sous les conditions et pour le » temps ci-après déterminés, le droit exclusif d'exploiter à son pro- » fit la dite découverte ou invention.

» Ce droit est constaté par des titres délivrés par le gouverne- » ment, sous le nom de *Brevets d'invention* ».

Les brevets d'inventions sont expédiés par le Ministre de l'Agriculture, du Commerce et des Travaux publics.

L'officier de génie en activité de service, qui fait une dé- couverte, en doit le sacrifice à l'État, dont il est l'employé, et n'a pas droit à un brevet d'invention. (*Tribunal de la Seine,* 23 Novembre 1832).

Le brevet d'invention ne dispense pas le titulaire de se conformer, pour l'exploitation de son titre, aux prescriptions légales et réglementaires spéciales à l'exercice de certaines industries.

Ainsi le décret du 15 Octobre 1810, reproduit textuellement dans le cours de cet ouvrage, avec les ordonnances des 14 Janvier 1815 et 25 Juin 1823, et la circulaire ministérielle du 15 Décembre 1852, divise les établissements qui sont dangereux, insalubres ou incommodes, en trois classes, et exige, pour chacune, des formalités spéciales.

Une ordonnance du 22 Mai 1843, règle les conditions dans lesquelles doivent être établies les machines à vapeur et leurs chaudières; ses prescriptions sont rappelées dans une instruction que nous donnons également.

Une ordonnance du 29 Octobre 1846, régit la vente, l'achat et l'emploi des substances vénéneuses.

Un décret du 5 Mars 1852, prescrit aux importateurs d'acide arsénieux, de prendre au bureau de douane par lequel a lieu l'introduction, un acquit-à-caution indiquant les quantités importées, ainsi que le nom et le lieu de résidence des destinataires. Cet acquit-à-caution doit être rapporté dans un délai de trois mois, revêtu d'un certificat de décharge de l'autorité municipale du lieu de résidence des destinataires, sous peine de saisie ou de confiscation de la marchandise ou du paiement de sa valeur, et d'une amende de cinq cents francs.

D'autres dispositions réglementaires atteignent le commerce des matières d'or et d'argent, la fabrication des étoffes, des armes, de la poudre, du salpêtre, du tabac, du gaz hydrogène pour l'éclairage, des poids et mesures, l'imprimerie, la librairie, la pharmacie, les abattoirs publics et communs, etc., etc. Le cadre de cet ouvrage ne permet pas d'entrer dans de plus longs détails. Les inventeurs agiront sagement de se bien fixer sur les diverses obligations qu'ils ont à remplir, avant de former les établissements qui leur sont nécessaires.

Les dessins des fabriques n'ont pas besoin d'être garantis par des brevets d'invention. Il suffit d'un simple dépôt au Secrétariat du Conseil de prudhommes ou, dans les lieux où il n'en existe pas, au Greffe du Tribunal de Commerce. (*Décret du 18 Mars* 1806 *et Ordonnance du 17 Août* 1825).

Le coût de ce dépôt ne s'élève qu'à 1 fr. 35 cent.

En cas de négligence, l'inventeur ou l'auteur perd ses droits de propriété. (*Arrêt de la Cour d'Appel de Lyon*).

ART. 2.

» Seront considérées comme inventions ou découvertes nouvelles,
» L'invention de nouveaux produits industriels ;
» L'invention de nouveaux moyens ou l'application nouvelle de » moyens connus, pour l'obtention d'un résultat ou d'un produit » industriel ».

En matière de brevets d'invention, on entend par *découverte*, ce qui est révélé pour la première fois, et par *invention*, un produit nouveau obtenu de choses connues.

L'application d'un procédé connu peut constituer une invention lorsqu'on l'adapte à un nouvel usage. (Dalloz.—*Dictionnaire général de Jurisprudence*).

Il en est de même d'un procédé nouveau produisant un résultat connu.

Un produit industriel obtenu par l'application nouvelle de moyens connus, constitue une invention brevetable. (*Cour Impériale de Bordeaux.*—7 Juillet 1853).

Cet arrêt a été rendu dans les circonstances suivantes :

En vertu d'une ordonnance du Président du tribunal civil de Bordeaux, le sieur Henault, fabricant de cadres, à Paris, breveté pour un procédé d'ornementation en pâte de bois à dorer, pour cadres, galeries de croisées, tentures d'appartement, corniches, chambranles, etc., avait fait saisir dans le magasin du sieur Yung, menuisier-ébéniste, à Bordeaux, des objets présumés contrefaits, ainsi que les machines, instruments et ustensiles destinés spécialement à leur fabrication.

Après une première expertise, le tribunal civil de Bordeaux condamna le sieur Yung. — Appel.

La cour de Bordeaux a ordonné une seconde expertise et a interrogé le prévenu, qui a dit, notamment, que d'autres industriels avaient fait, avant 1845, des baguettes et autres ouvrages guillochés à l'aide du blanc mou, sur bois ou autres surfaces unies destinées à être dorées, a produit, pour le prouver, des cadres ou fragments de cadres, et a ajouté que le brevet du sieur Hénault ayant été pris illégalement, il en demandait l'annulation.

Sur quoi, attendu que, d'après la loi du 5 Juillet 1844 (art. 2), l'obtention d'un résultat industriel par l'application nouvelle de moyens connus, constitue une invention brevetable; que les experts consultés par la Cour, expriment à l'unanimité sur toutes les questions à eux posées, un avis favorable à Hénault; qu'ainsi les cadres anciens, produits par Yung, leur ont paru ne point porter une ornementation guillochée sur pâte molle dans les conditions exposées par celui-ci; pour plusieurs, le guillochage existait sur le bois même ou résultait d'un moulage appliqué; pour les autres, il a été exécuté à la main sur pâte sèche;

Qu'à la vérité les experts reconnaissent que les cadres ovales confectionnés par Boucarut, en 1831 et 1833, portent une ornementation guillochée sur pâte molle, mais ils ajoutent que le procédé à l'aide duquel ces cadres ont été obtenus, les condamne à un usage très-restreint, parce qu'il ne peut s'appliquer qu'à l'ornementation d'objets ovales ou circulaires; qu'enfin, le procédé d'Hénault, avec ses conditions et ses résultats , constitue , à leurs yeux , une application nouvelle de moyens connus, et, par conséquent, une véritable invention.— La Cour rejette.

Toute conception purement théorique ne saurait faire valablement l'objet d'un brevet.

ART. 3.

« Ne sont pas susceptibles d'être brevetés :

» 1.° Les compositions pharmaceutiques ou remèdes de toute » espèce, les dits objets demeurant soumis aux lois et règlements » spéciaux sur la matière, et notamment au décret du 18 Août » 1810, relatif aux remèdes secrets ;

» 2.° Les plans et combinaisons de crédit ou de finances.

Le décret du 18 Août 1810 est transcrit après cette loi.

La Cour de Bordeaux a décidé , le 17 Décembre 1851 , que le fait seul de la vente d'un remède secret constitue un délit prévu par l'art. 36 de la loi du 21 Germinal an XI, sur la police de la pharmacie, et puni par les dispositions du décret du 29 Pluviose an XIII.

Les rigueurs de la loi ne sont dirigées que contre les empiriques et les charlatans qui compromettent la vie des hommes pour gagner quelques pièces de monnaie. Un décret du 3 Mai 1850, porte que les remèdes reconnus nouveaux et utiles par l'académie de médecine, et dont les formules, approuvées par le Ministre conformément à l'avis de cette compagnie savante, ont été publiées dans son bulletin avec l'assentiment des inventeurs ou professeurs, cessent d'être considérés comme remèdes secrets. Ils peuvent être, par conséquent, vendus librement par les pharmaciens, en attendant que la recette en soit insérée dans une nouvelle édition du *Codex*.

Aux termes de l'art. 8 de l'ordonnance du 29 Octobre 1846 , l'arsenic et ses composés , vendus pour d'autres usages que la médecine, doivent être combinés avec d'autres substances, et les formules de ces préparations fixées sous l'approbation du Ministre. Un arrêté ministériel du 28 Mars 1848 a approuvé ces formules. Nous les faisons connaître plus loin.

ART. 4.

« La durée des brevets sera de cinq, dix ou quinze années.

» Chaque brevet donnera lieu au payement d'une taxe, qui est » fixée ainsi qu'il suit, savoir :

» Cinq cents francs pour un brevet de cinq ans ;

» Mille francs pour un brevet de dix ans ;

» Quinze cents francs pour un brevet de quinze ans.

» Cette taxe sera payée par annuités de cent francs, sous peine » de déchéance si le breveté laisse écouler un terme sans l'acquitter.

La gradation établie pour la durée du brevet est empruntée à la loi du 25 Mai 1791 ; mais cette loi obligeait l'inventeur à payer la totalité de la taxe comptant ou moitié comptant et moitié à six mois. De la sorte, elle le plaçait dans la nécessité de réfléchir mûrement sur la durée à donner à son titre, car si elle était trop longue, elle lui devenait onéreuse ; si elle était trop courte, elle le privait d'une partie des bénéfices.

D'après le système actuel, cet inconvénient n'existe plus. L'inventeur n'a aujourd'hui aucun préjudice à craindre de la fixation d'une durée étendue, car il est toujours le maître de l'abréger en s'abstenant de payer les annuités ; il a, au contraire, l'avantage de pouvoir exploiter son privilège 5 ou 10 ans au-delà du terme qu'il pourrait croire actuellement suffisant, si des circonstances viennent à le lui rendre utile.

Ces considérations portent le plus grand nombre des inventeurs à demander les brevets pour quinze années.

Les annuités, autres que la première, peuvent s'acquitter, sur l'exhibition du brevet, à toutes les recettes générales de France et à la caisse centrale du trésor à Paris, quel que soit le département où le titre ait été pris.

La loi du 25 Mai 1791 portait que la taxe du brevet ne dispensait pas du paiement de la patente imposée à toutes les industries. [Cette disposition est devenue tellement vulgaire que les législateurs de 1844, n'ont pas cru, sans doute, devoir la reproduire dans la loi nouvelle.

(Voir les NOTES *sous l'art.* 32 *).*

TITRE II.

DES FORMALITÉS RELATIVES A LA DÉLIVRANCE DES BREVETS.

SECTION Ire

Des demandes de Brevets.

ART. 5.

« Quiconque voudra prendre un brevet d'invention devra dépo-
» ser, sous cachet, au Secrétariat de la Préfecture, dans le dépar-
» tement où il est domicilié, o . dans tout autre département, en y
» élisant domicile :
» 1.º Sa demande au Ministre de l'Agriculture et du Commerce ;
» 2.º Une description de la découverte, invention ou application
» faisant l'objet du brevet demandé ;
» 3.º Les dessins ou échantillons qui seraient nécessaires pour
» l'intelligence de la description ;
» Et 4.º un bordereau des pièces déposées ».

Tout autre moyen ne peut garantir la propriété de l'inventeur.

Les demandes doivent, aujourd'hui, être adressées au Ministre de l'Agriculture, du Commerce et des Travaux publics. Jusqu'à présent, elles ont été reçues sur papier libre ; cependant, d'après l'art. 12 de la loi du 13 Brumaire an VII, elles devraient être sur papier timbré.

Les descriptions doivent être exactes et suffisantes pour l'exécution de l'objet à breveter. Généralement, les échantillons ne sont pas nécessaires. Dans aucun cas, ils ne dispensent ni de la description ni des dessins.

Les dessins eux-mêmes ne sont pas exigés pour les compositions chimiques et autres, quand aucune machine ni aucun instrument nouveau n'est employé dans la fabrication.

La loi nouvelle exige un bordereau des pièces déposées. Cette prescription, puisée dans la précédente législation, n'est d'aucune utilité, parce que toutes les pièces produites à l'appui des demandes sont mentionnées sur le procès-verbal de dépôt dressé au Secrétariat de la Préfecture, dont une expédition est envoyée au Ministre avec le paquet qui renferme ces pièces.

Le brevet peut être pris en nom collectif. Dans ce cas, l'acte de société pour l'exploitation dudit brevet, n'a pas besoin d'être enregistré à la Préfecture, mais il est indispensable que tous les intéressés comparaissent, personnellement ou par procuration, lors de la rédaction du procès-verbal de déet y apposent leurs signatures.

(Voir les Notes *sous l'article* 30*)*.

ART. 6.

« La demande sera limitée à un seul objet principal, avec les
» objets de détail qui le constituent, et les applications qui auront
» été indiquées.
» Elle mentionnera la durée que les demandeurs entendent assi-
» gner à leur brevet dans les limites fixées par l'article 4 et ne
» contiendra ni restrictions, ni conditions, ni réserves.

» Elle indiquera un titre renfermant la désignation sommaire et
» précise de l'objet de l'invention.

» La description ne pourra être écrite en langue étrangère ; elle
» devra être sans altération ni surcharges. Les mots rayés comme
» nuls seront comptés et constatés, les pages et les renvois para-
» phés. Elle ne devra contenir aucune dénomination de poids ou de
» mesures autre que celles qui sont portées au tableau annexé à
» la loi du 4 Juillet 1837.

» Les dessins seront tracés à l'encre et d'après une échelle mé-
» trique.

» Un duplicata de la description et des dessins sera joint à la
» demande.

» Toutes les pièces seront signées par le demandeur ou par un
» mandataire, dont le pouvoir restera annexé à la demande ».

La demande peut être conçue en ces termes :

*A Monsieur le Ministre de l'Agriculture, du Commerce et des
Travaux publics.*

MONSIEUR LE MINISTRE,

Inventeur d'un. . . (préciser l'invention), *je vous prie de vouloir
bien me délivrer un brevet d'invention de.* . . (indiquer le nombre
d'années).

*Je joins à la présente, les pièces exigées par la loi et suis avec
respect,*

Monsieur le Ministre,

de Votre Excellence,

le très humble et très-obéissant serviteur,

(signature du demandeur).

. . . . *le*   185   .

Les inventions étant aussi diverses que la pensée, on com-
prend qu'il est impossible de donner un modèle de description.
La forme seulement pouvait être fixée ; le 4.ᵉ paragraphe de
l'article qui précède y a pourvu. J'ajouterai seulement qu'une

description pour être méthodiquement faite, doit porter en tête :

Description de. . . . . (spécifier l'invention), *produite par* (nom de l'inventeur), *à l'appui de sa demande de brevet d'invention*.

et se terminer par la date et la signature de l'inventeur.

Pour l'intelligence d'un dessin, il est nécessaire que chaque partie de la machine ou de l'instrument qu'il représente, porte une lettre de renvoi, qui est répétée, ensuite, dans une légende sur le plan même, à côté de la désignation qui la concerne, et au mémoire descriptif, dans les détails qui s'y rapportent.

Un paquet cacheté doit contenir toutes les pièces. Elles ne peuvent être mises en rouleau.

Ce paquet est présenté au Secrétariat-général de la Préfecture, par l'inventeur ou son fondé de pouvoir. Il doit porter, en inscription :

Demande de brevet d'invention de ans, *formée par* **M.** (nom, profession et demeure) *demeurant à* , *rue* , *N.°* , *pour un* (indiquer l'objet qui doit faire la matière du brevet).

Le duplicata de la description et des dessins est renvoyé à l'inventeur, après avoir été revêtu de la forme authentique, avec le brevet auquel il se rattache et dont il est devenu partie intégrante.

La loi n'a pas déterminé la forme du pouvoir que doit produire le mandataire. Il peut être admis sous seing-privé. Dans ce cas, la signature du mandant doit être légalisée.

Il doit être déposé séparément au Secrétariat de la Préfecture, comme il est dit ci-après, à l'égard du récépissé de la première annuité.

ART. 7.

« Aucun dépôt ne sera reçu que sur la production d'un récépissé
» constatant le versement d'une somme de *cent francs* à valoir sur
» le montant de la taxe du brevet.

» Un procès-verbal, dressé sans frais, par le Secrétaire-général de
» la Préfecture, sur un registre à ce destiné, et signé par le de-
» mandeur, constatera chaque dépôt, en énonçant le jour et l'heure
» de la remise des pièces.

» Une expédition du dit procès-verbal sera remise au déposant,
» moyennant le remboursement des frais de timbre ».

Le récépissé de la première annuité est délivré par le Re-
ceveur-général du département où se forme la demande de
brevet; à Paris, par le Caissier du Trésor. Il doit énoncer les
nom, prénoms, profession et domicile de l'inventeur, ainsi
que la désignation sommaire de l'invention et la somme versée. Il ne doit pas être placé dans le paquet qui contient la
demande et les pièces à l'appui. Il est remis, au Secrétariat
de la Préfecture, en même temps que ce paquet, mais séparément.

Le prix du timbre de l'expédition du procès-verbal de dépôt est de 1 fr. 25 cent.— *(Voir les* notes *sous l'art. 5)*.

ART. 8.

« La durée du brevet courra du jour du dépôt prescrit par
» l'art. 5 ».

Sous l'empire du décret du 25 Janvier 1807, la durée du
brevet courait de la date du certificat de demande qui était
délivré par le Ministre. Cette disposition reste toujours applicable aux brevets pris antérieurement à la promulgation de
la loi du 5 Juillet 1844.

SECTION II.

De la délivrance des Brevets..

ART. 9.

« Aussitôt après l'enregistrement des demandes, et dans les
» cinq jours de la date du dépôt, les Préfets transmettront les pièces

» sous le cachet de l'inventeur, au Ministre de l'Agriculture et du
» Commerce, en y joignant une copie certifiée du procès-verbal de
» dépôt, le récépissé constatant le versement de la taxe, et, s'il y
» a lieu, le pouvoir mentionné dans l'article 6.

Le délai de cinq jours pour la transmission des pièces au
Ministère ne peut être prolongé.

Si, dans l'intervalle, l'inventeur veut faire opérer des rectifications ou changements à la teneur de l'une d'elles, il ne
peut être admis à ouvrir le paquet qui les renferme, à moins
qu'il ne renonce à la date acquise. Dans ce cas, le procès-
verbal de dépôt est annulé ; il en est dressé un nouveau lors
de la remise des pièces rectifiées.

L'inventeur peut, jusqu'à la délivrance du brevet, renoncer à sa demande et réclamer le remboursement de la première annuité. A cet effet, il suffit d'une lettre sur papier
timbré, adressée directement au Ministre de l'Agriculture,
du Commerce et des Travaux publics.

Tous les Ministres reçoivent en franchise de droits, la
correspondance qui leur est adressée : la lettre de renoncia-
tion peut donc être tout simplement jetée à la poste.

ART. 10.

« A l'arrivée des pièces au Ministère de l'Agriculture et du Com-
» merce, il sera procédé à l'ouverture, à l'enregistrement des de-
» mandes et à l'expédition des brevets, dans l'ordre de la réception
» des dites demandes ».

L'ordre prescrit pour l'expédition des brevets est rigoureusement observé.

Il n'y a d'exception que lorsque la demande se trouve dans
le cas d'être rejetée ou qu'elle donne lieu à des observations.

ART. 11.

« Les brevets dont la demande aura été régulièrement formée
» seront délivrés, sans examen préalable, aux risques et périls des
» demandeurs, et sans garantie, soit de la réalité, de la nouveauté

» ou du mérite de l'invention, soit de la fidèlité ou de l'exactitude
» de la description.

» Un arrêté du Ministre, constatant la régularité de la demande,
» sera délivré au demandeur et constituera le brevet d'invention.

» A cet arrêté sera joint le duplicata certifié de la description et des
» dessins, mentionné dans l'article 5, après que la conformité avec
» l'expédition originale en aura été reconnue et établie au besoin.

» La première expédition des brevets sera délivrée sans frais.

» Toute expédition ultérieure, demandée par le breveté ou ses
» ayant-cause, donnera lieu au payement d'une taxe de *vingt-cinq*
» *francs*.

» Les frais de dessin, s'il y a lieu, demeureront à la charge de
» l'impétrant ».

Le délai qui s'écoule entre le dépôt de la demande à la préfecture et la remise du brevet au titulaire, est d'environ 40 à 50 jours.

Le paiement des frais de deuxième ou ultérieure expédition peut être fait à la Recette générale du département du domicile actuel. Le breveté ou ses ayant-cause adressent le récépissé qui le constate, après l'avoir fait viser à la Préfecture, directement au Ministre de l'Agriculture, du Commerce et des Travaux publics, avec une demande sur papier timbré.

Le visa du récépissé à la Préfecture doit avoir lieu dans les vingt-quatre heures de sa date, sous peine de nullité. (Ordonnance du 12 Mai 1833).

ART. 12.

» Toute demande dans laquelle n'auraient pas été observées les
» formalités prescrites par les N.os 2 et 3 de l'article 5, et par
» l'article 6, sera rejetée. La moitié de la somme versée restera
» acquise au Trésor; mais il sera tenu compte de la totalité de cette
» somme au demandeur, s'il reproduit sa demande dans un délai
» de trois mois, à compter de la date de la notification du rejet de
» sa requête ».

La décision est notifiée par l'intermédiaire du Préfet.

Lorsque, par suite du rejet d'une demande de brevet, l'inventeur se présente, dans le délai légal, au secrétariat de la Préfecture pour renouveler sa demande, il n'est pas tenu à un nouveau versement de la première annuité, et le terme d'un an ne court, pour le paiement de la seconde, que de la date du procès-verbal qui constate le dépôt de la dernière demande.

Une décision ministérielle qui, par excès de pouvoir, refuserait un brevet, est susceptible d'appel devant le Conseil d'Etat. (RENOUARD. — *De la législation et de la jurisprudence des brevets d'invention*, page 315).

(*Voyez la* NOTE *sous l'article* 13).

ART. 13.

« Lorsque, par application de l'article 3, il n'y aura pas lieu à » délivrer un brevet, la taxe sera restituée ».

La restitution s'opère, en vertu d'un arrêté du Préfet du département où la demande a été déposée, par le Receveur général du même département, si elle a lieu dans le courant de l'année du versement, par le Payeur, si elle s'effectue plus tard. Dans le premier cas, la partie intéressée se présente à la Recette générale avec une expédition de l'arrêté du Préfet et le récépissé de versement ; dans le second cas, elle adresse ces pièces, avec une demande sur papier timbré, directement au Ministre des Finances, qui donne au Payeur l'autorisation nécessaire.

ART. 14.

« Une ordonnance royale, insérée au *Bulletin des Lois*, procla-» mera, tous les trois mois, les brevets délivrés ».

L'omission de cette formalité, si elle avait lieu, n'invaliderait pas le brevet : on ne saurait faire peser les effets d'une inadvertance qu'il n'a pas le moyen de prévenir, sur un inventeur de bonne foi dont les pièces ont été reconnues régulières et qui, par conséquent, a fait tout ce que la loi a exigé de lui pour posséder un titre valable.

Au surplus, la proclamation par le *Bulletin des Lois*, n'est autre chose qu'un moyen de publicité légale, qui n'ajoute rien au titre délivré à l'inventeur.

Il en était différemment sous la précédente législation. Aussi délivrait-on à chaque breveté, un extrait, en ce qui le concernait, de l'ordonnance de proclamation. Cette formalité n'a plus lieu aujourd'hui. On se borne à remettre à l'inventeur le brevet qu'il a demandé et qui, avec le procès-verbal de dépôt, forme le seul titre dont il ait besoin pour la garantie de ses droits.

ART. 15.

« La durée des brevets ne pourra être prolongée que par une » loi ».

Cette disposition est essentiellement d'ordre public. Il ne peut y avoir de privilège en France. Si la loi a établi une exception en matière de brevets d'invention, ce n'a été que dans l'intérêt général et seulement pour un temps limité.

Un brevet d'invention constitue un contrat synallagmatique entre le gouvernement, représentant la société, et l'inventeur. Celui-ci livre son secret, afin qu'il puisse être rendu public et exécuté à l'expiration du délai fixé. Le Gouvernement lui promet une protection exclusive, pendant ce délai, à la condition que sa déclaration soit sincère, complète, explicite; qu'il prélèvera, chaque année, sur les bénéfices, une somme de cent francs, et qu'il la comptera, sous la dénomination de taxe, dans la caisse de l'État, comme dédommagement envers la société, à raison de la privation qu'impose à celle-ci la défense d'exécuter l'invention dont il s'agit, invention que, d'ailleurs, d'autres pourraient trouver également et dont, sans cette défense, ils feraient leur bénéfice.

2

Mais si à l'expiration du brevet, des circonstances de force majeure avaient empêché l'inventeur d'exploiter son titre avec les avantages qu'il était en droit d'en attendre, ou, si le libre exercice de l'invention présentait des dangers pour la société, l'équité et la sûreté publique pourraient motiver une prolongation du temps primitivement fixé pour la durée du brevet. Cependant, comme cette prolongation serait une dérogation au contrat et qu'il pourrait en résulter des abus, la question serait portée devant les assemblées législatives qui décideraient.

SECTION III.

Des Certificats d'addition.

ART. 16.

« Le breveté ou les ayant-droit au brevet auront, pendant toute » la durée du brevet, le droit d'apporter à l'invention, des change- » ments, perfectionnements ou additions, en remplissant, pour le » dépôt de la demande, les formalités déterminées par les articles » 5, 6 et 7.

» Ces changements, perfectionnements ou additions, seront cons- » tatés par des certificats délivrés dans la même forme que le » brevet principal, et produiront, à partir des dates respectives » des demandes et de leur expédition, les mêmes effets que ledit « brevet principal, avec lequel ils prendront fin.

» Chaque demande de certificat d'addition donnera lieu au paye- » ment d'une taxe de *vingt francs*.

» Les certificats d'addition, pris par un des ayant-droit, profite- » ront à tous les autres ».

Les certificats d'addition, qu'ils soient pris sous le régime de la loi actuelle ou sous la législation précédente, ne font qu'un avec les brevets d'invention auxquels ils se rattachent.

Les formalités à remplir sont les mêmes que pour les brevets.

La demande au Ministre de l'Agriculture, du Commerce et des Travaux publics, peut être conçue en ces termes :

Le..................., j'ai pris à la préfecture de.......... un brevet d'invention de   ans, pour (indiquer la spécification du brevet).

Voulant faire ajouter à ce titre, un (ou *des*) *perfectionnements que j'ai apportés à l'invention, je vous prie de vouloir bien me délivrer un certificat d'addition.*

Je joins à la présente, les pièces exigées par la loi et suis avec respect,

Monsieur le Ministre,

de Votre Excellence,

le très humble et très obéissant serviteur,

(signature).

. . . . le   185 .

Lorsque la demande est formée par un cessionnaire, le premier paragraphe doit être conçu comme suit :

Par un acte public enregistré le.......... ., à la préfecture de........., je suis devenu cessionnaire du brevet d'invention de.......... ans, pris le.........., par M. (nom du breveté) *demeurant à* (sa demeure) *pour* (spécification du brevet).

(Le surplus de la lettre, comme au modèle qui précède).

Quand le brevet d'invention est devenu, en tout ou en partie, la propriété du demandeur, par suite d'une action en révendication, d'un héritage ou d'une séparation d'associés, la demande de certificat d'addition doit commencer ainsi :

En vertu d'un (indiquer la nature de l'acte qui a opéré la mutation) *enregistré le.........   , à la préfecture de.......... je suis propriétaire du brevet d'invention* (ou d'une partie du brevet d'invention) *de...... ans, pris le...........   , par* M. *demeurant à....... pour.......* (la suite comme à la première formule).

La suscription de l'enveloppe qui contient les pièces produites doit être conçue en ces termes :

« Demande de certificat d'addition formée par M. (*nom, prénoms et profession*), demeurant à ...., rue......, n.°......, pour des perfectionnements consistant en........., (*indiquer sommairement la nature des perfectionnements*), relatifs au brevet d'invention de   ans, pris le   185 , par le S.ʳ........ (*nom et prénoms*) demeurant à......... rue........ N.°...... à la préfecture de......... pour (*rappeler la spécification du brevet*).

ART. 17.

« Tout breveté qui, pour un changement, perfectionnement, ou
» addition, voudra prendre un brevet principal de cinq, dix ou
» quinze années, au lieu d'un certificat d'addition expirant avec le
» brevet primitif, devra remplir les formalités prescrites par les
» art. 5, 6 et 7, et acquitter la taxe mentionnée dans l'art. 4 ».

Ainsi le titulaire d'un brevet d'invention peut, à volonté, prendre un certificat d'addition qu'il ne paiera que 20 fr., une fois pour toutes, mais qui ne fera qu'un avec le brevet et expirera avec lui, ou un nouveau brevet d'invention qui lui coûtera 100 fr. par an et qui aura une durée indépendante du premier. Dans tous les cas, à l'expiration du brevet primitif, les moyens et procédés qui le concernent appartiendront à tous et par conséquent, le nouveau brevet, s'il en a été délivré un, ne reposera plus uniquement que sur les changements et additions qui y sont consignés. En vain, penserait-on pouvoir prolonger l'existence d'un brevet près d'expirer en en prenant un autre, avec des modifications soit dans la désignation de l'objet breveté, soit dans les termes de sa description. Un pareil titre ne serait évidemment pas valable à ce point de vue, et, à la première occasion, les tribunaux en feraient prompte justice.

Dans le cas prévu par le présent article, le premier paragraphe de la demande de brevet sera, selon le cas, conforme

à l'une des formules qui se trouvent sous l'article précédent,
et se terminera ainsi :

Voulant prendre un brevet de   ans, pour des perfectionnements
que j'ai apportés à l'invention dont il s'agit, j'ai l'honneur de
vous adresser les pièces exigées par la loi.

   Je suis avec respect,
                        Monsieur le Ministre, etc.

ART. 18.

   « Nul autre que le breveté ou ses ayant-droit, agissant comme
» il est dit ci-dessus, ne pourra, pendant une année, prendre
» valablement un brevet pour un changement, perfectionnement
» ou addition à l'invention qui fait l'objet du brevet primitif.

   » Néanmoins, toute personne qui voudra prendre un brevet pour
» changement, addition ou perfectionnement à une découverte déjà
» brevetée, pourra, dans le cours de la dite année, former une
» demande qui sera transmise, et restera déposée, sous cachet,
» au Ministère de l'Agriculture et du Commerce.

   » L'année expirée, le cachet sera brisé et le brevet délivré.

   » Toutefois, le breveté principal aura la préférence pour les chan-
» gements, perfectionnements et additions pour lesquels il aurait
» lui-même, pendant l'année, demandé un certificat d'addition ou
» un brevet ».

La préférence accordée au breveté et à ses ayant-droit,
n'existait pas antérieurement à la loi du 5 Juillet.

On a souvent demandé si, en présence de cette disposition,
l'auteur d'un perfectionnement, autre que le titulaire, ne
pourrait pas, sans inconvénient, attendre l'expiration de la
première année, pour faire breveter ce perfectionnement ;
l'ajournement lui permettrait de le réunir à ceux qu'il pourrait trouver dans l'intervalle, pour n'en faire l'objet que d'un
seul titre, et d'économiser ainsi du temps et de la dépense.

Il y aurait danger d'agir de cette manière. On ne doit pas
oublier que toute personne peut former des demandes de brevet pour des perfectionnements pendant la première année.

et qu'à l'expiration de ce délai, si le titulaire du brevet délivré n'a pas formé de demande identique, c'est la date des procès-verbaux de dépôt qui règle la préférence entre les auteurs d'une idée semblable. Il est donc important de n'apporter aucun retard à former la demande d'un brevet d'invention pour un perfectionnement pendant la première année d'un brevet comme après ce terme. L'économie d'argent et de soins qui résulterait d'une détermination contraire pourrait amener la perte de tous droits et causer des regrets qu'on peut prévenir.

La nature du perfectionnement et le brevet auquel il se rattache, doivent toujours être mentionnés dans le procès-verbal de dépôt.

ART. 19.

» Quiconque aura pris un brevet pour une découverte, invention
» ou application se rattachant à l'objet d'un autre brevet, n'aura
» aucun droit d'exploiter l'invention déjà brevetée, et réciproque-
» ment le titulaire du brevet primitif ne pourra exploiter l'invention
» objet du nouveau brevet.

La distinction établie par cet article oblige, nécessairement, le titulaire d'un brevet pris pour un perfectionnement, à s'entendre avec le breveté primitif ou à s'abstenir d'en faire usage jusqu'à l'expiration de ce dernier titre. Dans tous les cas, le perfectionnement doit être mis en exploitation dans le délai de deux ans, sous peine de déchéance.

L'impossibilité résultant du défaut de consentement de la part du premier breveté, ne saurait être un moyen de justification.

SECTION IV.

De la transmission et de la cession des brevets.

ART. 20.

» Tout breveté pourra céder la totalité ou partie de la propriété
» de son brevet.

» La cession totale ou partielle d'un brevet, soit à titre gratuit,
» soit à titre onéreux, ne pourra être faite que par acte notarié, et
» après le payement de la totalité da la taxe déterminée par l'art. 4.

» Aucune cession ne sera valable, à l'égard des tiers, qu'après
» avoir été enregistrée au Secrétariat de la Préfecture du départe-
» ment dans lequel l'acte aura été passé.

» L'enregistrement des cessions et tous autres actes emportant
» mutation, sera fait sur la production et le dépôt d'un extrait au-
» thentique de l'acte de cession ou de mutation.

» Une expédition de chaque procès-verbal d'enregistrement ac-
» compagnée de l'extrait de l'acte ci-dessus mentionné, sera trans-
» mise, par les Préfets, au Ministre de l'Agriculture et du Com-
» merce, dans les cinq jours de la date du procès-verbal ».

Le breveté peut aliéner les droits qui résultent de son titre
pour un ou plusieurs départements ou pour la totalité du territoire français. Il peut autoriser l'usage total ou partiel de
sa découverte, sans aliéner son droit de propriété. Il peut,
en un mot, adopter toutes les combinaisons que comporte la
libre disposition de cette nature de propriété.

Le breveté est obligé de fournir au cessionnaire toutes les
indications nécessaires pour l'exploitation du brevet (*Cour
d'Appel de Paris.*—22 Février 1845).

Les brevets d'invention peuvent être mis en loterie, comme
objets mobiliers, pourvu que le produit soit exclusivement
destiné à des actes de bienfaisance ou à l'encouragement des
arts, et que l'autorisation en ait été accordée par l'autorité
supérieure. (*Loi du* 21 *Mai* 1836).

La condition du paiement de toutes les annuités a pour
objet de prévenir la fraude qui s'exerçait fréquemment par
des inventeurs dont les titres étaient frappés de déchéance
pour défaut du paiement de la taxe, et qui en effectuaient
néanmoins la vente; mais on a dépassé le but. Il suffisait
d'ordonner la preuve du paiement des annuités échues au
moment de la cession. En exigeant au delà, on a paralysé les
transactions de cette nature. Depuis la mise à exécution de la

loi du 5 Juillet, il n'a pas été enregistré de cession à la Préfecture de la Gironde, et le *Bulletin des Lois* n'en a proclamé aucune ni en 1851 ni en 1852.

Nous pourrions ajouter que cet état de choses a fait naître des cessions clandestines. Les actes qui les constatent ne peuvent, il est vrai, être reconnus par les tribunaux, mais à raison de la condition du paiement de la taxe entière, on s'en contente, et, d'ailleurs, les titulaires ayant toujours le droit de poursuivre la répression des contrefaçons, les intérêts des co-propriétaires sont suffisamment garantis.

Cet état de choses est regrettable parce qu'il habitue la population à enfreindre la loi et parce que le Gouvernement est privé d'un élément de statistique important.

Toutefois, lorsque le brevet a été l'objet d'une cession antérieure, l'expédition du procès-verbal d'enregistrement de la dite cession et l'extrait authentique de l'acte notarié qui constate la cession nouvelle, suffisent pour l'enregistrement à la Préfecture.

La propriété du brevet peut se transmettre par d'autres voies que par la cession. La mutation peut résulter d'un jugement, dans le cas d'action en révendication de la propriété de la découverte; elle peut être le résultat d'un décès, d'un partage, d'une séparation d'associés, etc. Dans ces différents cas, il y a lieu à la production et à l'enregistrement de l'extrait de l'acte qui opère la mutation; mais la loi n'en a pas subordonné l'enregistrement, comme pour les cessions, à la condition du paiement préalable de la taxe. La production du récépissé constatant le versement de la dernière annuité échue, suffit.

L'expropriation d'une invention brevetée ne peut avoir lieu que par une loi spéciale. La loi du 3 Mai 1841, sur l'expropriation pour cause d'utilité publique n'est pas applicable à l'espèce.

23

La qualité d'étranger , soit comme cédant, soit comme cessionnaire, ne doit faire apporter aucun obstacle à l'enregistrement des actes de cession ou de mutation de brevet , ni aucun changement dans les formalités prescrites pour cet enregistrement.

(*Voir les* Notes *sous l'art.* 5).

ART. 21.

« Il sera tenu, au Ministère de l'Agriculture et du Commerce, un
» registre sur lequel seront inscrites les mutations intervenues sur
» chaque brevet , et, tous les trois mois , une ordonnance royale
» proclamera, dans la forme déterminée par l'art. 14, les mutations
» enregistrées pendant le trimestre expiré ».

Nous venons de faire connaître que par suite de la condition attachée par le deuxième § de l'art. 20 , à l'enregistrement des actes de cession dans les préfectures , aucune proclamation de cession n'avait eu lieu depuis longtemps.

ART. 22.

« Les cessionnaires d'un brevet , et ceux qui auront acquis d'un
» breveté ou de ses ayant-droit la faculté d'exploiter la découverte
» ou l'invention, profiteront, de plein droit , des certificats d'addi-
» tion qui seront ultérieurement délivrés au breveté ou à ses ayant-
» droit. Réciproquement, le breveté ou ses ayant-droit , profiteront
» des certificats d'addition qui seront ultérieurement délivrés aux
» cessionnaires.

» Tous ceux qui auront droit de profiter des certificats d'addition,
» pourront en lever une expédition au Ministère de l'Agriculture et
» du Commerce , moyennant un droit de *vingt francs* ».

Le paiement de cette somme peut être fait à la recette générale du département du domicile. Dans ce cas, le récépissé qui le constate est adressé directement avec une demande au Ministre de l'Agriculture, du Commerce et des Travaux publics.

SECTION V.

*De la communication et de la publication des descriptions
et dessins de brevet.*

ART. 23.

« Les descriptions, dessins, échantillons et modèles des brevets
» délivrés resteront, jusqu'à l'expiration des brevets, déposés au
» Ministère de l'Agriculture et du Commerce, où ils seront commu-
» niqués, sans frais, à toute réquisition.

» Toute personne pourra obtenir, à ses frais, copie des dits des-
» criptions et dessins, suivant les formes qui seront déterminées
» dans le règlement rendu en exécution de l'art. 50 ».

Ce règlement n'a pas encore paru. Antérieurement à la
promulgation de la loi du 5 Juillet, la communication des
descriptions, dessins, etc., avait lieu, sans qu'on put en prendre copie. Aujourd'hui les copies se délivrent moyennant un
droit de 25 fr.

ART. 24.

« Après le payement de la deuxième annuité, les descriptions et
» dessins seront publiés, soit textuellement, soit par extrait.

» Il sera, en outre, publié, au commencement de chaque année,
» un catalogue contenant les titres des brevets délivrés dans le
» courant de l'année précédente ».

Il est regrettable que les descriptions publiées par extrait
soient quelquefois tellement succinctes, qu'il devienne impossible de les exécuter lorsque les brevets sont tombés dans le
domaine public. Quelques-unes pourtant, pour n'avoir pas
une haute portée scientifique, ne sont pas dénuées d'intérêt ;
la petite industrie et même l'économie domestique pourraient
souvent en faire leur profit, si elles y trouvaient les indications nécessaires.

ART. 25.

« Le recueil des descriptions et dessins et le catalogue, publiés
» en exécution de l'article précédent, seront déposés au Ministère

» de l'Agriculture et du Commerce, et au secrétariat de la préfecture
» de chaque département, où ils pourront être consultés sans
» frais ».

Ces publications sont également déposées dans toutes les sous-préfectures, pour être communiquées sans déplacement et sans frais.

ART. 26.

« A l'expiration des brevets, les originaux des descriptions et » dessins seront déposés au Conservatoire royal des Arts-et-» Métiers ».

Ils peuvent y être consultés par toute personne ayant inté-rêt.

TITRE III.

DES DROITS DES ÉTRANGERS.

ART. 27.

» Les Étrangers pourront obtenir en France des brevets d'inven-» tion ».

Il était digne de la France de donner ainsi l'exemple du respect du droit des inventeurs, sans distinction de nationa-lité. « L'Étranger qui, comme le Français, remplit les forma-» lités imposées par la loi, doit, (dit une circulaire ministé-rielle), être admis de la même manière à faire constater son » droit ».

ART. 28.

» Les formalités et conditions déterminées par la présente loi » seront applicables aux brevets demandés ou délivrés en exécution » de l'article précédent ».

(*Voir les* NOTES *sous les articles* 5, 6, 7, 16 et 29).

ART. 29.

» L'auteur d'une invention ou découverte déjà brevetée à l'étran-
» ger pourra obtenir un brevet en France ; mais la durée de ce bre-
» vet ne pourra excéder celle des brevets antérieurement pris à
» l'étranger.

L'importateur doit indiquer, par une date précise, dans sa demande au Ministre, le terme de la durée du brevet pris à l'étranger et le nombre d'années qu'il entend assigner au brevet qu'il sollicite. Il ne doit pas oublier que la loi française ne répute pas nouvelle et par conséquent susceptible d'être valablement brevetée, toute découverte, invention ou application qui, en France ou ailleurs, a reçu antérieurement à la date du dépôt de la demande, une publicité suffisante pour être exécutée. Les pays où les brevets importés ont été pris, sont seuls exceptés de cette règle.

Les dispositions de l'article 29 ont remplacé celles de l'ancienne législation qui concernaient les *Brevets d'importation*, désormais supprimés.

TITRE IV.

DES NULLITÉS ET DÉCHÉANCES, ET DES ACTIONS Y RELATIVES.

SECTION PREMIÈRE.

Des nullités et déchéances.

ART. 30.

» Seront nuls et de nul effet, les brevets délivrés dans les cas
» suivants, savoir :

» 1.º Si la découverte, invention ou application n'est pas nou-
» velle ;

» 2.º Si la découverte, invention ou application n'est pas, aux
» termes de l'article 3, susceptible d'être brevetée ;

» 3.º Si les brevets portent sur des principes, méthodes, systè-
» mes, découvertes et conceptions théoriques ou purement scien-
» tifiques, dont on n'a pas indiqué les applications industrielles ;

» 4.º Si la découverte, invention ou application est reconnue
» contraire à l'ordre ou à la sûreté publique, aux bonnes mœurs
» ou aux lois du royaume, sans préjudice, dans ce cas et dans ce-
» lui du paragraphe précédent, des peines qui pourraient être en-
» courues pour la fabrication ou le débit d'objets prohibés ;

» 5.º Si le titre sous lequel le brevet a été demandé indique frau-
» duleusement un objet autre que le véritable objet de l'invention ;

» 6.º Si la description jointe au brevet n'est pas suffisante pour
» l'exécution de l'invention, ou si elle n'indique pas d'une manière
» complète et loyale, les véritables moyens de l'inventeur ;

» 7.º Si le brevet a été obtenu contrairement aux dispositions de
» l'art. 18.

» Seront également nuls et de nul effet, les certificats compre-
» nant des changements, perfectionnements ou additions qui ne se
» rattacheraient pas au brevet principal ».

Ces dispositions ont pour but de réprimer la fraude. Leur application appartient aux tribunaux.

La fraude ne se présume pas. Il y aurait danger d'admettre à la faire vérifier sur une simple allégation. (*Cour de Douai.* —20 Mai 1844).

Il appartient aux Cours d'appel de comparer aux procédés décrits dans les brevets ceux qui sont argués de contrefaçon. (*Cassation.*—9 Août 1844).

Lorsqu'une description présente des obscurités ou des omissions qui laissent du doute dans l'appréciation du juge, on doit l'interpréter contre l'inventeur dont elle est l'ouvrage. (RENOUARD.—*De la législation et de la jurisprudence des bre-vets d'invention.*—Argument du l'art. 1162 du code civil).

Le défaut de description suffisante entraîne la déchéance du brevet : celui qui a commis l'omission prive la société du moyen d'exécution qui lui appartiendra après l'expiration du brevet, et viole ainsi une condition légale du contrat qui est intervenu entre lui et la société lorsque le Gouvernement lui a délivré le titre. (*Tribunal de Paris.*— 26 Mars 1845).

Il n'y a pas de contrefaçon quand le but et le résultat de l'objet qui donne lieu à poursuite sont différents de ceux d'un objet de même espèce décrits dans un brevet. (*Cour de Paris.*—5 Février 1841).

Il n'y a pas de contrefaçon lorsque l'élément de fabrication appartient au domaine public et que son emploi a lieu par des procédés différents à ceux qui sont brevetés. Exemple :

Le sieur Roberts, de Calais, avait obtenu un brevet pour la fabrication du savon, avec de l'huile de coco. Le sieur Droun, des Batignolles, employa l'huile de coco à la fabrication du savon, mais par des procédés différents de ceux du sieur Roberts.

Cependant le sieur Roberts crut voir une atteinte à ses droits dans la fabrication du sieur Droun, et il assigna ce dernier en contrefaçon.

La Cour de Paris a jugé en ces termes, le 5 Mars 1847 ;

» Attendu que depuis longtemps et bien antérieurement à » l'obtention du brevet de Roberts, l'huile de coco était em- » ployée tant en France qu'à l'étranger dans la fabrication des » savons ; attendu que les procédés de fabrication de Droun » diffèrent essentiellement de ceux que Roberts a signalés » dans son brevet, condamne Roberts aux dépens, etc. ».

(*Voir les* NOTES *sous l'article* 34).

ART. 31.

» Ne sera pas réputée nouvelle toute découverte, invention ou » application qui, en France ou à l'étranger, et antérieurement à » la date du dépôt de la demande, aura reçu une publicité suffisante » pour pouvoir être exécutée ».

Les termes de cet article font disparaître les doutes qui ont surgi sous la précédente législation. La publicité peut résulter non-seulement d'ouvrages imprimés, mais encore de la fabrication et de la livraison au commerce des produits fabriqués.

Toutefois une seule vente d'un objet breveté, opérée par l'inventeur, avant de prendre son brevet d'invention, ne saurait être considérée comme ayant donné au procédé une notoriété suffisante pour le faire tomber dans le domaine public (*Cour de Paris.* — 3 Juillet 1845).

ART. 32.

« Sera déchu de tous ses droits :

» 1.º Le breveté qui n'aura pas acquitté son annuité avant le » commencement de chacune des années de la durée de son brevet ;

» 2.º Le breveté qui n'aura pas mis en exploitation sa découverte » ou invention, en France, dans le délai de deux ans, à dater du » jour de la signature du brevet, ou qui aura cessé de l'exploiter » pendant deux années consécutives, à moins que, dans l'un ou » l'autre cas, il ne justifie des causes de son inaction ;

» 3.º Le breveté qui aura introduit en France des objets fabriqués » en pays étranger et semblables à ceux qui sont garantis par son » brevet.

» Sont exceptés des dispositions du précédent paragraphe, les » modèles de machines dont le Ministre de l'Agriculture et du Com-» merce pourra autoriser l'introduction dans le cas prévu par » l'art. 29 ».

La faculté accordée aux inventeurs de se libérer de la taxe par annuités est évidemment une grande amélioration. Cependant elle a ses dangers. Il arrive fréquemment qu'on oublie (l'espace qui sépare les époques où les paiements doivent s'effectuer le permet assurément) d'acquitter à temps une de ces annuités ; le brevet tombe aussitôt dans le domaine public et l'inventeur qui a fondé son industrie à grands frais, peut se trouver ruiné. Il y a plus : s'il a consenti des cessions, il est passible envers les cessionnaires, qui sont dépouillés comme lui, de tous privilèges sur l'invention, de dommages-intérêts qui peuvent être considérables et l'obliger peut-être à une faillite.

Cet inconvénient est grave et mérite l'attention du Gouvernement. Pour le faire disparaître, il suffirait d'un simple avis officieux adressé au domicile des inventeurs quinze jours avant l'expiration de chaque terme, par le Receveur général qui a perçu le premier versement. Un pareil acte de bienveillance préviendrait bien des revers de fortune et rendrait au système des annuités toute son utilité.

On a pensé que le paiement d'une annuité après le terme légal pourrait rétablir le breveté dans ses droits, si, dans l'intervalle de l'échéance au paiement, l'industrie n'avait pas été exercée par un tiers. M. E. Blanc, dans son excellent *Traité sur les Brevets d'invention*, a exprimé l'avis qu'il appartient à l'administration de relever de la déchance le breveté retardataire.

Les dispositions formelles des articles 4, 32 et 34 de la loi, ne permettaient pas de partager ces opinions; mais tous doutes doivent tomber devant les termes de l'avis ministériel ci-après, inséré au *Moniteur universel* du 11 Octobre 1845 :

« Aux termes de l'art. 4 de la loi du 5 Juillet 1844, sur les brevets d'invention, les brevetés ont la faculté de payer la taxe par annuités; mais l'art. 32 de la même loi prononce la déchéance des brevetés qui n'ont pas acquitté leurs annuités avant le commencement de chacune des années de la durée du brevet.

» Il importe donc que les titulaires des brevets délivrés sous l'empire de la loi nouvelle, songent à accomplir en temps utile l'obligation qui leur est imposée par la loi, le Gouvernement n'ayant, *dans aucun cas*, le droit de les relever de la déchéance encourue.

» La durée du brevet court du jour du dépôt de la demande à la Préfecture, et non de la date effective du brevet; c'est donc avant l'expiration de l'année qui suit la date du dépôt, que la seconde annuité de la taxe doit être acquittée à peine de déchéance. Elle peut être versée indifféremment à la recette générale du département où le brevet a été demandé ou à toute autre ».

Enfin le 27 Mai 1848, le Conseil d'État a décidé que l'art. 34, déclarant que toutes actions en nullité ou en déchéance de brevet seront portées devant les tribunaux civils de **Première Instance**, a abrogé les dispositions des lois des 7 Janvier et 25 Mai 1791, qui, dans le cas spécial du défaut de paiement de la taxe en temps utile, conféraient à l'administration le droit de prononcer la déchéance du brevet.

Les tribunaux peuvent seuls apprécier les causes d'inexploitation pendant les deux ans prescrits.

Le § 3 a pour objet d'empêcher que l'industrie étrangère ne profite au détriment de l'industrie française, de la protection accordée par les brevets d'invention. Cette disposition produit ses effets même quant aux brevets concédés sous l'empire des lois antérieures, qui ne portaient point de prohibition semblable ; mais pour entraîner la pénalité il faut que l'importation des produits similaires ait eu lieu dans la vue de frauder la loi, et l'on ne saurait appliquer la prohibition à l'introduction faite de bonne foi, en France, d'une minime quantité de marchandises qui ne serait pas destinée au débit et à la spéculation mercantile.

La prohibition d'importation n'atteint pas les matériaux destinés à la construction de l'appareil producteur, alors que le brevet a été pris, non pour la fabrication des machines, mais pour le débit des produits, et quand, surtout, le brevet a été obtenu, non pour les parties isolées du mécanisme, mais pour les agencements et dispositions d'ensemble. (*Cour de Douai*, 11 Juillet 1846).

ART. 33.

» Quiconque, dans des enseignes, annonces, prospectus, affi-
» ches, marques ou estampilles, prendra la qualité de breveté sans
» posséder un brevet délivré conformément aux lois, ou après l'ex-
» piration d'un brevet antérieur ; ou qui, étant breveté, mention-
» nera sa qualité de breveté ou son brevet sans y ajouter ces mots :
» *sans garantie du Gouvernement,* sera puni d'une amende de cin-
» quante francs à mille francs.

» En cas de récidive, l'amende pourra être portée au double ».

3

La première partie de cet article était rendue nécessaire par les manœuvres de certains spéculateurs ; mais la seconde, porte, sans utilité, un préjudice réel aux industries brevetées.

Pourquoi obliger le titulaire d'un brevet d'invention à ajouter à l'énoncé de son titre, les mots *sans garantie du Gouvernement?* D'abord la loi, qui ne doit exprimer que la vérité, est ici en défaut, car elle est inexacte. En effet, le Gouvernement garantit les brevets d'invention aux inventeurs de bonne foi qui se conforment aux obligations que la loi leur impose, et la preuve c'est que tout un titre de cette loi (le titre 5), est consacré aux moyens de poursuivre les contrefacteurs et de les faire punir; c'est encore que les brevets sont respectés par les tribunaux dès qu'ils leur sont exhibés et que les droits qu'ils confèrent sont maintenus jusqu'à ce que la fraude ou l'inaccomplissement des formalités légales soit prouvé.

Il y a donc réellement garantie du Gouvernement à l'égard des brevets d'invention comme envers tout autre propriété ; mais ils ont encore ceci de particulier qu'ils sont l'œuvre du Gouvernement même; et à raison de ce fait seulement, la loi ne devrait pas astreindre les titulaires à proclamer qu'ils ne méritent pas de confiance.

Maintenant quel est le but de cette disposition? Est-ce d'empêcher que les cessionnaires soient trompés sur la réalité, la nouveauté ou le mérite de l'invention, ou bien sur la fidélité ou l'exactitude de la description? Mais la loi est explicite à cet égard et, d'ailleurs, en supposant que les cessionnaires l'ignorent, ne suffirait-il pas de l'insertion de l'article 11 dans le brevet même?

La défense dont il s'agit est donc sans utilité, sans portée; elle déconsidère les brevets d'invention. Néanmoins elle existe, et, en attendant qu'elle disparaisse de la législation, on doit s'y soumettre.

Le Tribunal correctionnel de Nancy a jugé, deux fois, le 21 Avril 1851, que les mots : *sans garantie du Gouvernement,* ne peuvent être remplacés par les initiales : S. G. D. G.

Dans ces affaires, les gérants des journaux l'*Impartial* et le *Patriote de la Meurthe* avaient été mis en cause, parce que l'article qui contenait la substitution avait été inséré dans ces journaux ; mais le tribunal a jugé que l'amende prononcée par l'article 33 de la loi du 5 Juillet ne peut être appliquée en pareille circonstance qu'au breveté, attendu que l'infraction dont il s'agit ne constitue pas un délit mais une contravention, et qu'aux termes de l'article 59 du Code pénal, il n'y a point de complicité en matière de contravention.

SECTION II.

Des actions en nullité et en déchéance.

ART. 34.

» L'action en nullité et l'action en déchéance pourront être exer-
» cées par toute personne y ayant intérêt.

» Ces actions, ainsi que toutes contestations relatives à la pro-
» priété des brevets, seront portées devant les tribunaux civils de
» première instance ».

Les procès de cette nature prennent naissance, ordinairement, dans les contestations relatives aux contrefaçons.

Il ne peut être prononcé, en référé, de dommages-intérêts pour contrefaçon, parce que le fait de la contravention et son importance ne peuvent être appréciés que dans une instance jugée au principal (*Cour de Paris.* — 14 Décembre 1844).

Dans une action en contrefaçon, lorsque l'inculpé a assigné le breveté en déchéance, le tribunal correctionnel devant lequel l'affaire est portée, peut surseoir au jugement jusqu'à décision de la juridiction civile sur la question de déchéance. (*Cour de Paris.* — 22 Février 1845).

Il y a lieu de prononcer la déchéance d'un brevet d'invention toutes les fois que les procédés brevetés ont été décrits antérieurement dans des ouvrages imprimés et publiés. (*Cassation.*— 30 Avril 1810 et 20 Mai 1844).

Lorsqu'un breveté a laissé pratiquer à d'autres, conjointement avec lui, pendant dix ans, le procédé décrit dans son brevet, il ne peut, par cela seul, avoir encouru la déchéance. (*Cassation.* — 18 Janvier 1803).

ART. 35.

» Si la demande est dirigée en même temps contre le titulaire du
» brevet et contre un ou plusieurs cessionnaires partiels, elle sera
» portée devant le tribunal du domicile du titulaire du brevet.

Ainsi, la partie civile peut mettre en cause le breveté seulement ou le breveté et tous les cessionnaires, ou le breveté et un ou plusieurs cessionnaires ou bien encore un cessionnaire seulement. Dans ce dernier cas, l'affaire appartient au tribunal du domicile du cessionnaire; dans les autres cas, au tribunal du domicile du breveté.

Lorsque le Ministère public intervient, les ayant-droit, c'est-à-dire le breveté et les cessionnaires, doivent être cités au tribunal du domicile du breveté.

ART. 36.

» L'affaire sera instruite et jugée dans la forme prescrite pour les
» matières sommaires, par les articles 405 et suivants du Code de
» procédure civile. Elle sera communiquée au Procureur du Roi ».

Les affaires sommaires sont jugées à l'audience, après l'échéance des délais de citation, sur un simple acte, sans autres procédures ni formalités.

Dans les actions en nullité et en déchéance, la communication au Ministère public est substantielle et d'ordre public. Peut être déclaré nul et non avenu, un jugement qui ne fait pas mention de cette formalité. (*Cour de Paris.* — 21 Juillet 1845).

ART. 37.

» Dans toute instance tendant à faire prononcer la nullité ou la
» déchéance d'un brevet, le Ministère public pourra se rendre par-
» tie intervenante et prendre des réquisitions pour faire prononcer
» la nullité ou la déchéance absolue du brevet.

» Il pourra même se pourvoir directement par action principale
» pour faire prononcer la nullité, dans les cas prévus aux N.os 2,
» 4 et 5 de l'article 30 ».

Le Ministère public n'intervient pas directement dans les questions relatives à la nouveauté de l'invention ou découvertes, aux principes, méthodes, etc., dont les brevets n'indiquent pas les applications industrielles, à l'insuffisance des descriptions, à la qualité nécessaire pour prendre un certificat d'addition, au paiement de la taxe, à la non-exploitation, dans le délai prescrit, des découvertes ou inventions brevetées, à l'introduction en France des objets fabriqués en pays étrangers et semblables à ceux qui sont garantis dans un brevet, à l'usurpation de la qualité d'inventeur, à l'omission des mots : *sans garantie du Gouvernement,* dans l'annonce du brevet ou de la qualité de breveté. Les instances de cette nature doivent être intentées personnellement par les tiers qui y ont intérêt ; l'action du Ministère public, dans ces divers cas, n'est que subséquente.

Le Ministère public peut intervenir directement lorsque le brevet a été pris pour des compositions pharmaceutiques ou des remèdes, ou bien pour des plans et combinaisons de crédit ou de finances, pour une découverte, invention ou application reconnue contraire à l'ordre, à la sûreté publique, aux bonnes mœurs ou aux lois, ou pour un objet autre que celui indiqué dans la demande.

Le Ministère public n'intervient que sur la plainte des brevetés ou ayant-droit pour l'application des peines correctionnelles prononcées contre les contrefacteurs et les complices.

ART. 38.

» Dans les cas prévus par l'article 37, tous les ayant-droit au
» brevet dont les titres auront été enregistrés au Ministère de l'Agri-
» culture et du Commerce, conformément à l'article 21, devront
» être mis en cause.

Les catalogues des brevets d'invention, déposés aux Préfectures et aux sous-Préfectures, font connaître les mutations
qui surviennent dans la propriété des brevets.

ART. 39.

» Lorsque la nullité ou la déchéance absolue d'un brevet aura
» été prononcée par jugement ou arrêt ayant acquis force de chose
» jugée, il en sera donné avis au Ministère de l'Agriculture et du
» Commerce, et la nullité ou la déchéance sera publiée dans la for-
» me déterminée par l'article 14 pour la proclamation des brevets ».

C'est-à-dire par l'insertion au *Bulletin des lois.*

TITRE V.

DE LA CONTREFAÇON, DES POURSUITES ET DES PEINES.

—

ART. 40.

» Toute atteinte portée aux droits du breveté, soit par la fabrica-
» tion de produits, soit par l'emploi de moyens faisant l'objet de
» son brevet, constitue le délit de contrefaçon.

» Ce délit sera puni d'une amende de cent à deux mille francs ».

En matière de contrefaçon, le défendeur peut établir, par
témoins, qu'il avait la possession ou l'usage du procédé antérieurement à la délivrance du brevet. (*Cassation.* — 30 Avril
1810).

Il peut également prouver, par témoins, que le procédé
était connu et pratiqué antérieurement au brevet. (*Cassation.*
— 19 Mai 1821).

L'emploi, dans la construction des fours à chaux, de calottes et cheminées placées au-dessus des fours, procédés déjà tombés dans le domaine public, ne constitue aucune contrefaçon, ni totale, ni partielle, au système breveté qui consiste dans la combinaison de moyens déjà connus, tels que le placement sur les fours à chaux, non-seulement de calottes et cheminées, mais encore de ventilateurs, chaudières, tubulaires, machines à vapeur, registres à cheminée, etc. (*Cour de Bordeaux.* — 7 Février 1850).

Le jugement qui décide qu'une découverte industrielle pour laquelle il a été obtenu un brevet d'invention, réalise des avantages qui, d'après le vœu de la loi, méritaient l'obtention de ce brevet, ne peut être cassé sous le prétexte que l'objet inventé ne présentait que des changements de formes ou de proportions, ou de simples ornements. Un tel jugement renferme une appréciation de faits et de circonstances qui échappe à la censure de la Cour de Cassation. (*Cassation.* — 31 Décembre 1822).

Lorsqu'un brevet d'invention a été pris pour un perfectionnement à un objet breveté et que le brevet relatif à l'invention principale est tombé dans le domaine public, il y a lieu à la confiscation, au profit de l'inventeur du perfectionnement, de tout l'objet contrefait, lorsque les deux parties ne forment qu'une seule et même chose. (*Cassation.* — 2 Mai 1822).

Quand une plainte en contrefaçon est reconnue mal fondée, la partie plaignante peut être condamnée à des dommages-intérêts. (*Cour de Paris.* — 18 Mai 1844).

ART. 41.

» Ceux qui auront sciemment recélé, vendu ou exposé en vente, » ou introduit sur le territoire français, un ou plusieurs objets con- » trefaits, seront punis des mêmes peines que les contrefacteurs ».

La loi veut qu'on ait agi *sciemment*. Les tribunaux peuvent apprécier sous ce rapport, les circonstances qui ont précédé et suivi la contravention.

L'usage de bonne foi d'un objet contrefait ne constitue pas de contravention. (*Cassation.*—28 Juin 1844).

En matière de contrefaçon, les règles de la complicité se trouvent, non dans les articles 60 et 61 du code pénal, mais bien dans l'article 41 de la loi du 5 Juillet 1844, par lequel la complicité est limitée aux quatre cas suivants : le recélé, la vente, l'exposition en vente et l'introduction sur le territoire français d'objets contrefaits. En conséquence, doit être infirmé, le jugement qui punit, comme un cas de complicité, la provocation à commettre la contrefaçon. (*Cassation.*—21 Novembre 1851).

ART. 42.

» Les peines établies par la présente loi ne pourront être cumulées.

» La peine la plus forte sera seule prononcée pour tous les faits » antérieurs au premier acte de poursuite ».

Si donc, après le premier acte de poursuite, le prévenu commettait une nouvelle contrefaçon, les peines auxquelles il serait condamné pour ce dernier fait, seraient distinctes de celles qui résulteraient de la contravention précédente.

ART. 43.

« Dans le cas de récidive, il sera prononcé, outre l'amende portée » aux articles 40 et 41, un emprisonnement d'un mois à six mois.

» Il y a récidive lorsqu'il a été rendu contre le prévenu, dans les » cinq années antérieures, une première condamnation pour un » des délits prévus par la présente loi.

» Un emprisonnement d'un mois à six mois pourra aussi être » prononcé, si le contrefacteur est un ouvrier ou employé ayant tra- » vaillé dans les ateliers ou dans l'établissement du breveté, ou si » le contrefacteur, s'étant associé avec un ouvrier ou un employé » du breveté, a eu connaissance, par ce dernier, des procédés » décrits au brevet.

» Dans ce dernier cas, l'ouvrier ou l'employé pourra être pour- » suivi comme complice ».

D'après l'avant-dernier paragraphe de cet article, l'emprisonnement d'un à six mois peut être prononcé si le contrefacteur est un ouvrier ou employé ayant travaillé *dans les ateliers ou dans l'établissement du breveté.* La peine est également applicable au cas où l'ouvrier ou l'employé a travaillé *dans son domicile personnel,* pour le compte de l'inventeur : la loi a voulu punir l'abus de confiance et cet abus est tout aussi grave lorsqu'il est commis dans la dernière circonstance que dans la première.

En effet, il est peu d'inventeurs qui ne soient obligés, avant de prendre un brevet, d'avoir recours à des ouvriers du dehors pour l'exécution totale ou partielle des machines qui constituent leurs inventions et, par conséquent, de leur communiquer leurs secrets. La sécurité publique exige que la loi frappe le coupable partout où il se trouve : un arrêt de la Cour de Poitiers, du 24 Novembre 1824, a décidé dans ce sens.

ART. 44.

« L'article 463 du code pénal pourra être appliqué aux délits » prévus par les dispositions qui précèdent ».

C'est-à-dire que des circonstances atténuantes peuvent être admises.

ART. 45.

« L'action correctionnelle, pour l'application des peines ci-dessus, » ne pourra être exercée par le ministère public que sur la plainte » de la partie lésée ».

La partie civile condamnée par défaut est recevable dans son opposition au jugement rendu contre elle par le tribunal correctionnel, et ce tribunal est compétent pour apprécier la contrefaçon et le préjudice. (*Cour de Paris,* 18 Juillet 1845).

(Voir les NOTES *sous l'art. 37).*

ART. 46.

» Le tribunal correctionnel, saisi d'une action pour délit de
» contrefaçon, statuera sur les exceptions qui seraient tirées par le
» prévenu, soit de la nullité ou de la déchéance du brevet, soit des
» questions relatives à la propriété dudit brevet ».

Il est évident que si le brevet est nul ou frappé de déchéance, la contrefaçon n'existe pas, et que si le plaignant
n'a pas de droits à la propriété du brevet, il n'en a aucun
pour intenter une action en contrefaçon.

La question en nullité de brevet fondée sur ce qu'il n'y aurait eu, de la part du breveté, ni invention, ni perfectionnement, est de la compétence des tribunaux civils. Elle ne peut
être invoquée devant les tribunaux correctionnels que comme
une exception opposée à une plainte en contrefaçon et comme
un moyen de défense personnelle (*Cour de Paris.* — 14 Janvier 1845).

L'appel en cassation est suspensif de l'action correctionnelle, attendu que la demande en nullité d'un brevet d'invention, opposée comme exception à une plainte en contrefaçon,
soulève une question préjudicielle qui doit être portée devant
le tribunal civil et suspend les poursuites correctionnelles ;
que ces poursuites ne peuvent être reprises qu'autant qu'il a
été définitivement et irrévocablement statué sur cette question ; qu'autrement, les tribunaux correctionnels pourraient
être amenés à prononcer une condamnation pour un fait qui,
en définitive, ne constituerait pas un délit (*Cour de Paris.*
20 Avril 1844).

ART. 47.

» Les propriétaires de brevet pourront, en vertu d'une ordon-
» nance du Président du Tribunal de 1.re Instance, faire précéder,
» par tous huissiers, à la désignation et description détaillées, avec
» ou sans saisie, des objets prétendus contrefaits.

» L'ordonnance sera rendue sur simple requête, et sur la repré-
» sentation du brevet; elle contiendra, s'il y a lieu, la nomination
» d'un expert pour aider l'huissier dans sa description.

» Lorsqu'il y aura lieu à la saisie, ladite ordonnance pourra im-
» poser au requérant un cautionnement qu'il sera tenu de consi-
» gner avant d'y faire procéder.

» Le cautionnement sera toujours imposé à l'étranger breveté qui
» requerra la saisie.

» Il sera laissé copie au détenteur des objets décrits ou saisis,
» tant de l'ordonnance que de l'acte constatant le dépôt du caution-
» nement, le cas échéant; le tout, à peine de nullité et de domma-
» ges-intérêts contre l'huissier ».

D'après le sens de l'art. 49, ci-après, les instruments ou ustensiles destinés spécialement à la fabrication des objets contrefaits peuvent être décrits et saisis comme ces objets mêmes.

La saisie ne doit être ordonnée que lorsqu'il y a lieu de craindre la disparition des objets argués de contrefaçon, la description garantissant suffisamment, hors ce cas, la conservation des droits du demandeur. (*Cour de Paris.* — 8 Mars 1845).

Les tribunaux ne sont pas liés par les rapports d'expert (*Cassation.* — 13 Août 1810).

Le cautionnement est versé au bureau de l'enregistrement et des domaines du chef-lieu d'arrondissement.

Lorsque les scellés apposés, par suite d'une ordonnance de justice, ont été brisés, les gardiens sont punis, pour simple négligence, de six jours à six mois d'emprisonnement.

Si le bris des scellés a été commis à dessein, les coupables sont passibles d'un emprisonnement de six mois à deux ans. Si le gardien s'en est rendu coupable, il est condamné à la même peine pour deux à cinq ans.

Tout vol commis à l'aide d'un bris de scellé est puni des travaux forcés à temps. (*Code pénal* — art. 249, 252, 243 et 384).

(*Voir les* NOTES *sous le* N.° 30 *)*.

ART. 48.

» A défaut par le requérant de s'être pourvu, soit par la voie
» civile, soit par la voie correctionnelle, dans le délai de huitaine,
» outre un jour par trois myriamètres de distance, entre le lieu où
» se trouvent les objets saisis ou décrits, et le domicile du contre-
» facteur, recéleur, introducteur ou débitant, la saisie ou descrip-
» tion sera nulle de plein droit, sans préjudice des dommages-
» intérêts qui pourront être réclamés, s'il y a lieu, dans la forme
» prescrite par l'art. 36 ».

C'est-à-dire, comme en matières sommaires.

(Voir les NOTES *sous l'art.* 36 *).*

ART. 49.

» La confiscation des objets reconnus contrefaits, et, le cas
» échéant, celle des instruments ou ustensiles destinés spéciale-
» ment à la fabrication, seront, même en cas d'acquittement, pro-
» noncées contre le contrefacteur, le recéleur, l'introducteur ou le
» débitant.

» Les objets confisqués seront remis au propriétaire du brevet,
» sans préjudice de plus amples dommages-intérêts et de l'affiche
» du jugement, s'il y a lieu ».

Lorsque les prévenus de contrefaçon sont relevés personnellement de l'action exercée contre eux et que les véritables
coupables restent inconnus, il n'est pas possible de faire l'application de l'amende et de l'emprisonnement ; mais les objets
confrefaits et les instruments ou ustensiles spécialement destinés à leur fabrication, deviennent la propriété du breveté, à
titre de dédommagement.

L'affiche doit reproduire la décision judiciaire sans altération et sans addition, sous peine d'amende et de dommages-
intérêts, s'il y a lieu. (*Tribunal correctionnel de Paris.* —
6 Juin 1844).

Elle peut contenir, avec les noms des juges, du magistrat
qui remplissait les fonctions du ministère public, s'il a été
entendu, ainsi que les noms des avoués, les noms, profes-

sions et demeures des parties, leurs conclusions, l'exposition sommaire des points de fait et de droit, les motifs et le dispositif du jugement (*Code de procédure civile*, art. 141.— *Tribunal civil de Paris.* — 9 Avril 1844).

TITRE VI.

DISPOSITIONS PARTICULIÈRES ET TRANSITOIRES.

ART. 50.

» Des ordonnances royales, portant règlement d'administration » publique, arrêteront les dispositions nécessaires pour l'exécution » de la présente loi, qui n'aura effet que trois mois après sa pro- » mulgation ».

La loi du 5 Juillet est exécutoire dans le département de la Gironde depuis le 17 Octobre 1844 (*Code civil*, art. 1.er— *Arrêté du Gouvernement du 13 Août* 1803. — *Ordonnance du 27 Novembre* 1816, art. 2).

ART 51.

» Des ordonnances rendues dans la même forme pourront régler » l'application de la présente loi dans les colonies, avec les modifi- » cations qui seront jugées nécessaires ».

Un arrêté du Président du Conseil des Ministres chargé du pouvoir exécutif, en date du 21 Octobre 1848, reproduit ci-après, et un décret du 5 Juin 1850, rendent la loi du 5 Juillet applicable aux colonies françaises et à l'Algérie.

ART. 52.

» Seront abrogées, à compter du jour où la présente loi sera » devenue exécutoire, les lois des 7 Janvier et 25 Mai 1791, celle » du 20 Septembre 1792, l'arrêté du 17 Vendémiaire an VII, » l'arrêté du 5 Vendémiaire an IX, les décrets des 25 Novembre

» 1806 et 25 Janvier 1807, et toutes dispositions antérieures à la
» présente loi, relatives aux brevets d'invention, d'importation et
» de perfectionnement ».

Ces différents actes, entés les uns sur les autres, formaient
un corps de dispositions vieillies et confuses qui, pour être
bien comprises, exigeaient une grande habitude. La loi du 5
Juillet est donc un bienfait, malgré ses imperfections.

Il y a lieu d'espérer que les prescriptions qui, sans utilité,
portent atteinte à la dignité de l'inventeur, à la conservation
des brevets et à la liberté des transactions, ne tarderont pas
à recevoir de profondes modifications.

ART. 53.

» Les brevets d'invention, d'importation ou de perfectionnement
» actuellement en exercice, délivrés conformément aux lois anté-
» rieures à la présente, ou prorogés par ordonnance royale, con-
» serveront leur effet pendant tout le temps qui aura été assigné à
» leur durée ».

D'après l'article 15, la durée des brevets ne peut plus être
prolongée que par une loi.

ART. 54.

» Les procédures commencées avant la promulgation de la pré-
» sente loi seront mises à fin conformément aux lois antérieures.
» Toute action, soit en contrefaçon, soit en nullité ou déchéance
» de brevet, non encore intentée, sera suivie conformément aux
» dispositions de la présente loi, alors même qu'il s'agirait de bre-
» vets délivrés antérieurement ».

L'article 10 du titre 2 de la loi du 25 Mai 1791 attribuait
aux juges de paix la connaissance des contestations relatives
aux brevets d'invention; mais, d'après l'article 20 de la loi
du 25 Mai 1838, les actions en nullité ou déchéance devaient
être portées devant les tribunaux de première instance, et,
les actions en contrefaçon, devant les tribunaux correctionnels.

ARRÊTÉ

Réglant l'application, dans les colonies, de la loi du 5 Juillet 1844.

Du 21 Octobre 1848.

Au Nom du Peuple Français,

Le Président du Conseil des Ministres, chargé du pouvoir exécutif,
Sur le rapport du Ministre de l'Agriculture et du Commerce ;
Vu l'article 51 de la loi du 5 Juillet 1844 ;
Vu l'avis du Ministre de la Marine et des Colonies ;
Le Conseil d'Etat entendu ,

ARRÈTE :

ARTICLE PREMIER.

La loi du 5 Juillet 1844, sur les brevets d'invention, recevra son application dans les colonies à partir de la publication du présent arrêté.

ART. 2.

Quiconque voudra prendre dans les colonies un brevet d'invention devra déposer, en triple expédition, les pièces exigées par l'article 5 de la loi précitée, dans les bureaux du Directeur de l'Intérieur.

Le procès-verbal constatant ce dépôt sera dressé sur un registre à ce destiné et signé par ce fonctionnaire et par le demandeur, conformément à l'article 7 de la loi.

ART. 3.

Avant de procéder à la rédaction du procès-verbal de dépôt, le Directeur de l'Intérieur se fera représenter :

1.º Le récépissé délivré par le Trésorier de la colonie, constatant le versement de la somme de cent francs, pour la première annuité de la taxe ;

2.º Chacune des pièces, en triple expédition, énoncées aux paragraphes 1, 2, 3 et 4 de l'article 5 de la loi du 5 Juillet 1844.

Une expédition de chacune de ces pièces restera déposée sous cachet dans les bureaux de la direction, pour y recourir au besoin. Les deux autres expéditions seront enfermées dans une seule enveloppe, scellées et cachetées par le déposant.

ART. 4.

Le Gouverneur de chaque colonie devra, dans le plus bref délai, après l'enregistrement des demandes, transmettre au Ministre de l'Agriculture et du Commerce, par l'entremise du Ministre de la Marine et des Colonies, l'enveloppe cachetée contenant les deux expéditions dont il s'agit, en y joignant une copie certifiée du procès-verbal, le récépissé du versement de la première annuité, et, le cas échéant, le pouvoir du mandataire.

ART. 5.

Les brevets délivrés seront transmis, dans le plus bref délai, aux titulaires, par l'entremise du Ministre de la Marine et des Colonies.

ART. 6.

L'enregistrement des cessions de brevets dont il est parlé en l'article 20 de la loi du 5 Juillet 1844, devra s'effectuer dans les bureaux du Directeur de l'Intérieur.

Les expéditions des procès-verbaux d'enregistrement, accompagnés des extraits authentiques des actes de cession, et des récépissés de la totalité de la taxe, seront transmises au Ministre de l'Agriculture et du Commerce, conformément à l'article 4 du présent arrêté.

ART. 7.

Les taxes prescrites par les articles 4, 7, 11 et 22 de la loi du 5 Juillet seront versées entre les mains du trésorier de chaque colonie, qui devra en opérer le versement au Trésor public, et transmettre, au Ministre de l'Agriculture et du Commerce, par la même voie, l'état de recouvrement des taxes.

ART. 8.

Les actions pour délit de contrefaçon seront jugées par la Cour d'appel dans les colonies.

Le délai des distances, fixé par l'article 48 de la dite loi, sera modifié conformément aux ordonnances qui, dans les colonies, régissent la procédure en matière civile.

FORMALITÉS

POUR OBTENIR

DES BREVETS D'INVENTION A L'ÉTRANGER.

ANGLETERRE.

Une *spécification provisoire* est déposée à l'Office des commissaires de patente, avec une demande et, lorsqu'il y a lieu, les dessins y relatifs.

Le dépôt est enregistré et un certificat est délivré au demandeur ou à son représentant.

La demande et la spécification provisoire sont renvoyées par l'Office à un de ses membres qui, après avoir consulté, s'il le juge nécessaire, une personne compétente, délivre, lorsqu'il pense que cette spécification décrit exactement la nature de l'invention, un certificat d'admission.

A partir de ce moment, l'invention peut, pendant six mois, être employée par l'inventeur et publiée sans préjudice des lettres-patentes qui pourraient être ultérieurem nt accordées.

L'inventeur peut également déposer une *spécification complète*, avec une demande et des dessins. Dans ce cas, les pièces sont enregistrées et un certificat est délivré comme ci-dessus.

Une copie de cette spécification est mise à la disposition du public.

Après le dépôt d'une spécification *provisoire* ou *complète*, l'inventeur peut, lorsqu'il le juge convenable, informer l'Office de son intention de demander un brevet. Cette déclaration est publiée par les soins des commissaires qui font connaître le lieu où les oppositions pourront être reçues et le temps pendant lequel elles devront être faites.

Ce délai expiré, la spécification et les oppositions, lorsqu'il y en a, sont renvoyées au Commissaire qui déjà a reçu la demande de brevet.

Les oppositions sont jugées en audiences par ce Commissaire, qui met les frais à la charge de qui de droit.

Aussitôt après la décision, l'Office fait délivrer la *lettre-patente* ou brevet d'invention. Ce titre produit son effet dans le royaume-uni de la Grande-Bretagne et de l'Irlande, ainsi que dans les îles du Canal et l'île de Man, et peut même, par une disposition spéciale, s'appliquer, sous la réserve des dispositions légales qui y seraient contraires, aux colonies et plantations anglaises situées au dehors.

Les lettres-patentes ne sont délivrées que pendant la durée de la protection provisoire (six mois). Si le demandeur vient à mourir durant ce délai, la lettre-patente peut être obtenue par ses représentants, dans le même délai ou dans les trois mois de la date du décès. En cas de perte ou de destruction, des duplicata peuvent être délivrés.

Une lettre-patente est accordée pour quatorze ans. Si la taxe et les droits de timbre ne sont pas acquittés avant les termes de trois et sept années, elle devient nulle.

La durée des lettres-patentes prises en Angleterre, pour une invention étrangère, ne peut s'étendre au delà de l'expiration du brevet pris à l'étranger pour le même objet.

Les titulaires de lettres-patentes n'ont pas le droit d'empêcher l'application des inventions qui les concernent sur des bâtiments étrangers se trouvant dans les ports anglais, lorsque les produits ne sont destinés, ni à être vendus, ni à être exportés.

49

Des catalogues rendus publics font connaître toutes les lettres-patentes ou brevets d'invention accordés en Angleterre.

TAXES.

		Fr.	C.
1.º— En déposant la pétition pour demander les lettres-patentes . . . . 5 liv. sch.		125	00
2.º— En donnant avis qu'on veut procéder à l'application. . . . . 5 »		125	00
3.º— Pour le sceau des lettres-patentes. . . . . . . 5 »		125	»
4.º— Pour dépôt de la spécification.. . . . . 5 »		125	»
5.º— Avant ou à l'expiration de la 3.me année. . . . 40 »		1,000	»
6.º— Avant ou à l'expiration de la 7.me année. . . . 80 »		2,000	»
7.º— En déposant une note pour opposition. . . . . 2 »		50	»
8.º— Chaque recherche ou inspection. . . . . » 1 sch.		1	25
9.º— Pour enregistrer une cession ou licence. . . . » 5 sch.		6	25
10.º— Certificat de cession ou de licence. . . . . . . » 5 sch.		6	25
11.º— Dépôt d'une demande de disclaimer. . . . . . 5 »		125	»
12.º— Caveat contre un disclaimer. . . . . 2 »		50	»

TIMBRE.

		Fr.	C.
13.º— Sur le warrant de l'officier légal pour les lettres-patentes. . . . . 5 »		125	»
14.º— Sur le certificat de payement des droits de la 3.me année. . . . . 10 »		250	»
15.º— Sur le certificat de payement des droits de la 7.me année.. . . . . 20 »		500	»
16.º— Pour une protection provisoire de six mois. . 5 »		125	»
17.º— Pour le renouvellement de la dite protection. . 5 »		125	»

BELGIQUE.

Les formalités exigées de l'inventeur sont les mêmes qu'en France ; seulement la demande est adressée au Roi et le dépôt des pièces a lieu au Greffe de la province où le demandeur élit son domicile.

Le Roi accueille ou rejette la demande. Les droits à payer sont réglés par le Ministre de l'Intérieur, d'après la durée ou l'importance de l'invention ; cependant ils ne peuvent être moindres de 317 fr. 46 cent., ni excéder 587 fr. 30 cent. Des facilités peuvent être accordées pour leur paiement.

La taxe étant payée, de la sorte, après examen de l'invention, le récépissé des droits ne peut être produit, comme en France, au moment du dépôt des pièces relatives à la demande.

Les formalités pour obtenir un brevet d'importation sont les mêmes que pour un brevet d'invention. Toutefois, la demande doit faire connaître la durée que le brevet pris à l'étranger a encore à courir.

Les titulaires de brevets de cinq et dix ans peuvent obtenir une prolongation de durée. La demande doit être adressée au Ministre, trois mois, au moins, avant l'expiration du premier terme.

Pour les brevets de perfectionnement, les formalités sont les mêmes et les droits à acquitter réglés de la même manière.

Les cessions de brevets d'invention ne peuvent avoir lieu qu'après l'approbation du Roi. Elles doivent, sous peine de nullité, être enregistrées au greffe de la province.

Les mutations pour cause de décès sont soumises au même enregistrement.

Lorsque, pour une des causes prévues par la loi, un brevet est annulé, les droits acquittés sont remboursés à raison de la durée qui restait à courir.

Un registre des brevets délivrés et des mutations auxquelles ils donnent lieu est tenu au Ministère de l'Intérieur. Il peut être consulté par les personnes qui se proposent de demander un brevet.

Les brevets délivrés sont également mentionnés dans les journaux officiels.

ESPAGNE.

Les formalités à remplir par l'inventeur sont les mêmes que celles qui sont pratiquées en France, moins la production du récépissé du versement de la taxe ou d'une partie de la taxe.

La demande est adressée à la Reine et remise à l'Intendance, à Madrid.

Le brevet porte le titre de *Brevet royal de privilège*. Il est accordé pour cinq, dix ou quinze ans, au choix de l'inventeur.

Des brevets d'importation sont également délivrés, mais seulement pour cinq ans.

La taxe est établie ainsi :

Brevet d'invention de 5 ans , 1000 réaux vellon.

»	10	»	3000	»
»	15	»	6000	»
Brevets d'importation. . . .			3000	»
Frais d'expédition du brevet			80	»

Les cessions de brevet doivent être faites d'une manière authentique. Les actes qui les constatent sont remis, sous peine de nullité, à l'Intendance de Madrid, dans le délai de trente jours.

Les cas de nullité sont : 1.º le non-retrait du brevet dans le trimestre de la demande ; 2.º la non-exploitation dans l'année du brevet ; 3.º l'interruption annale de cette exploitation.

ÉTABLISSEMENTS

DANGEREUX, INSALUBRES ET INCOMMODES.

DÉCRET.

Au Palais de Fontainebleau, le 15 Octobre 1810.

Sur le rapport de notre Ministre de l'Intérieur ;

Vu les plaintes portées par différents particuliers contre les manufactures et ateliers dont l'exploitation donne lieu à des exhalaisons insalubres ou incommodes ;

Le rapport fait sur ces établissements par la section de chimie de la classe des sciences physiques et mathématiques de l'Institut ;

Notre Conseil d'Etat entendu ,

Nous avons décrété et décrétons ce qui suit :

ARTICLE PREMIER.

A compter de la publication du présent décret, les manufactures et ateliers qui répandent une odeur insalubre ou incommode, ne pourront être formés sans une permission de l'autorité administrative : ces établissements seront divisés en trois classes.

La première classe comprendra ceux qui doivent être éloignés des habitations particulières ;

La seconde, les manufactures et ateliers dont l'éloignement des habitations n'est pas rigoureusement nécessaire, mais dont il importe néanmoins de ne permettre la formation qu'après avoir acquis la certitude que les opérations qu'on y pratique sont exécutées de manière à ne pas incommoder les propriétaires du voisinage, ni à leur causer des dommages.

Dans la troisième classe, seront placés les établissements qui peuvent rester sans inconvénient auprès des habitations, mais doivent rester soumis à la surveillance de la police.

ART. 2.

La permission nécessaire pour la formation des manufactures et ateliers compris dans la première classe, sera accordée avec les formalités ci-après, par un décret rendu en notre Conseil d'Etat (1).

---

(1) Par décret du 25 Mars 1852, les Préfets sont autorisés à accorder ces permissions. (*Voir* la circulaire ministérielle, page 64).

Celle qu'exigera la mise en activité des établissements compris dans la seconde classe, le sera par les préfets, sur l'avis des sous-préfets.

Les permissions pour l'exploitation des établissements placés dans la dernière classe seront délivrées par les sous-préfets, qui prendront préalablement l'avis des maires.

ART. 3.

La permission pour les manufactures et fabriques de première classe ne sera accordée qu'avec les formalités suivantes :

La demande en autorisation sera présentée au préfet, et affichée, par son ordre, dans toutes les communes, à 5 kilomètres de rayon (1).

Dans ce délai, tout particulier sera admis à présenter ses moyens d'opposition.

Les maires des communes auront la même faculté.

ART. 4.

S'il y a des oppositions, le Conseil de préfecture donnera son avis, sauf la décision au Conseil d'Etat.

ART. 5.

S'il n'y a pas d'opposition, la permission sera accordée, s'il y a lieu, sur l'avis du préfet et le rapport de notre Ministre de l'Intérieur.

ART. 6.

S'il s'agit de fabriques de soude, ou si la fabrique doit être établie dans la ligne des douanes, notre directeur général des douanes sera consulté.

ART. 7.

L'autorisation de former des manufactures et ateliers compris dans la seconde classe, ne sera accordée qu'après que les formalités suivantes auront été remplies.

L'entrepreneur adressera d'abord sa demande au sous-préfet de son arrondissement, qui la transmettra au maire de la commune dans laquelle on projettera de former l'établissement, en le chargeant de procéder à des informations de *commodo* et *incommodo*. Ces informations terminées, le sous-préfet prendra sur le tout, un

---

(1) Il doit être procédé, en outre, à une enquête de *commodo* et *incommodo ;* voir page 55, l'Avis du Conseil d'Etat, du 5 Avril 1813 et l'Ordonnance du 14 Janvier 1815.

arrêté qu'il transmettra au préfet. Celui-ci statuera, sauf le recours à notre Conseil d'Etat par toutes parties intéressées.

S'il y a opposition, il y sera statué par le Conseil de préfecture, sauf le recours au Conseil d'Etat.

ART. 8.

Les manufactures et ateliers ou établissements portés dans la troisième classe, ne pourront se former que sur la permission du préfet de police à Paris, et sur celle du maire dans les autres villes.

S'il s'élève des réclamations contre la décision prise par le préfet de police ou les maires, sur une demande en formation de manufacture ou d'atelier compris dans la troisième classe, elles seront jugées au Conseil de préfecture.

ART. 9.

L'autorité locale indiquera le lieu où les manufactures et ateliers compris dans la première classe pourront s'établir, et exprimera sa distance des habitations particulières. Tout individu qui ferait des constructions dans le voisinage de ces manufactures et ateliers, après que la formation en aura été permise, ne sera plus admis à en solliciter l'éloignement.

ART. 10.

La division en trois classes des établissements qui répandent une odeur insalubre ou incommode, aura lieu conformément au tableau annexé au présent décret. Elle servira de règle toutes les fois qu'il sera question de prononcer sur des demandes en formation de ces établissements (1).

ART. 11.

Les dispositions du présent décret n'auront point d'effet rétroactif: en conséquence, tous les établissements qui sont aujourd'hui en activité, continueront à être exploités librement, sauf les dommages dont pourront être passibles les entrepreneurs de ceux qui préjudicient aux propriétés de leurs voisins ; les dommages seront arbitrés par les tribunaux.

ART. 12.

Toutefois, en cas de graves inconvénients pour la salubrité publique, la culture, ou l'intérêt général, les fabriques et ateliers de

---

(1) Ce tableau n'est plus en vigueur. Il est remplacé par la nomenclature annexée à l'Ordonnance du Roi du 14 Janvier 1843, modifiée par diverses ordonnances subséquentes. (*Voir la nomenclature complète et rectifiée*, p. 66).

première classe qui les causent, pourront être supprimés en vertu d'un décret rendu en notre Conseil d'Etat, après avoir entendu la police locale, pris l'avis des préfets, reçu la défense des manufacturiers ou fabricants.

ART. 13.

Les établissements maintenus par l'article 11 cesseront de jouir de cet avantage, dès qu'ils seront transférés dans un autre emplacement (1), ou qu'il y aura une interruption de six mois dans leurs travaux. Dans l'un et l'autre cas, ils rentreront dans la catégorie des établissements à former, et ils ne pourront être remis en activité qu'après avoir obtenu, s'il y a lieu, une nouvelle permission.

AVIS DU CONSEIL D'ÉTAT.

Du 5 Avril 1813.

Le Conseil d'État qui, d'après le renvoi ordonné par Sa Majesté, a entendu le rapport de la section de l'intérieur, sur celui du Ministre des manufactures et du commerce, tendant à autoriser la translation, rue Traversière, faubourg Saint-Antoine, d'une amidonnerie existant actuellement rue de Charenton;

Vu le décret du 15 Octobre 1810;

Est d'avis qu'avant d'autoriser de pareilles translations de manufactures ou fabriques comprises dans la première classe du tableau annexé audit décret, et même avant d'autoriser un nouvel établissement de ce genre, il soit procédé, outre l'affiche de la demande, à un procès-verbal d'information de *commodo et incommodo*, dans lequel tous les voisins seront entendus.

Approuvé : au Palais de Saint-Cloud, le 8 Avril 1813.

ORDONNANCE DU ROI.

Au Château des Tuileries, le 14 Janvier 1815.

Sur le rapport de notre Ministre Secrétaire-d'Etat de l'Intérieur :

Vu le décret du 15 Octobre 1810, qui divise en trois classes les établissements insalubres ou incommodes dont la formation ne peut avoir lieu qu'en vertu d'une permission de l'autorité administrative.

Le tableau de ces établissements qui y est annexé;

L'état supplémentaire arrêté par le Ministre de l'Intérieur, le 22 Novembre 1811 ;

---

(1) Voir l'avis du Conseil d'Etat ci-dessus, concernant les formalités à remplir en pareil cas.

Les demandes adressées par plusieurs préfets, à l'effet de savoir si les permissions nécessaires pour la formation des établissements compris dans la troisième classe, seront délivrées par les sous-préfets ou par les maires ;

Notre Conseil d'Etat entendu ,

Nous avons ordonné et ordonnons ce qui suit :

Article Premier.

A compter de ce jour, la nomenclature jointe à la présente ordonnance, servira seule de règle pour la formation des établissements répandant une odeur insalubre ou incommode.

Art. II.

Le procès-verbal d'information *de commodo* et *incommodo* , exigé par l'article 7 du décret du 15 Octobre 1810, pour la formation des établissements compris dans la seconde classe de la nomenclature, sera pareillement exigible, en outre de l'affiche de demande, pour la formation de ceux compris dans la première classe.

Il n'est rien innové aux autres dispositions de ce décret.

Art. III.

Les permissions nécessaires pour la formation des établissements compris dans la troisième classe seront délivrées dans les départements, conformément aux articles 2 et 8 du décret du 15 Octobre 1810, par les sous-préfets, après avoir pris préalablement l'avis des maires et de la police locale.

Art. IV.

Les attributions données aux préfets et aux sous-préfets par le décret du 15 Octobre 1810, relativement à la formation des établissements répandant une odeur insalubre ou incommode, seront exercées par notre directeur général de la police dans toute l'étendue du département de la Seine, et dans les communes de Saint-Cloud, de Meudon et de Sèvres du département de Seine-et-Oise.

Art. V.

Les préfets sont autorisés à faire suspendre la formation ou l'exercice des établissemens nouveaux qui, n'ayant pu être compris dans la nomenclature précitée, seraient cependant de nature à y être placés. Ils pourront accorder l'autorisation d'établissement pour tous ceux qu'ils jugeront devoir appartenir aux deux dernières classes de la nomenclature, en remplissant les formalités prescrites par le décret du 15 Octobre 1810, sauf, dans les deux cas, à en rendre compte à notre directeur général des manufactures et du commerce.

LOI DU 21 AVRIL 1810

SUR LES MINES, LES MINIÈRES ET LES CARRIÈRES.

Extrait concernant les permissions pour la formation des établissements industriels.

TITRE II.

De la propriété des mines.

Art. 5. Les mines ne peuvent être exploitées qu'en vertu d'un acte de concession délibéré en Conseil d'Etat.

Art. 6. Cet acte règle les droits des propriétaires de la surface sur le produit des mines concédées.

TITRE III.

Des actes qui précèdent la demande en concession de mines.

Section 1re.

Art. 10. Nul 'ne peut faire des recherches pour découvrir des mines, enfoncer des sondes ou tarrières sur un terrain qui ne lui appartient pas, que du consentement du propriétaire de la surface ou avec l'autorisation du Gouvernement, donnée après avoir consulté l'administration des mines, à la charge d'une préalable indemnité envers le propriétaire, et après qu'il aura été entendu.

Art. 11. Nulle permission de recherche, ni concession de mines ne pourra, sans le consentement formel du propriétaire de la surface, donner le droit de faire des sondes et d'ouvrir des puits ou galeries, ni celui d'établir des machines ou magasins dans les enclos murés, cours ou jardins, ni dans les terrains attenant aux habitations ou clotures murées, dans la distance de cent mètres des dites clôtures ou des habitations.

Section 2.

Art. 13. Tout français, ou tout étranger, naturalisé ou non en France, agissant isolément ou en société, a le droit de demander et peut obtenir, s'il y a lieu, une concession de mines.

Art. 14. L'individu ou la société doit justifier des facultés nécessaires pour entreprendre et conduire les travaux, et des moyens de satisfaire aux redevances et indemnités qui lui seront imposées par l'acte de concession.

Art. 15. Il doit aussi, le cas arrivant de travaux à faire sous des maisons ou lieux d'habitation, sous d'autres exploitations ou dans leur voisinage immédiat, donner caution de payer toute indemnité, en cas d'accident : les demandes ou oppositions des intéressés seront, en ce cas, portées devant nos tribunaux et cours.

Art. 16. Le Gouvernement juge des motifs ou considérations d'après lesquels la préférence doit être accordée aux divers demandeurs en concession, qu'ils soient propriétaires de la surface, inventeurs ou autres.

En cas que l'inventeur n'obtienne pas la concession d'une mine, il aura droit à une indemnité de la part du concessionnaire ; elle sera réglée par l'acte de concession.

Art. 17. L'acte de concession fait après l'accomplissement des formalités prescrites, purge, en faveur du concessionnaire, tous les droits des propriétaires de la surface et des inventeurs, ou de leurs ayant-droit, chacun dans leur ordre, après qu'ils ont été entendus ou appelés légalement, ainsi qu'il sera ci-après réglé.

Art. 18. La valeur des droits résultant en faveur du propriétaire de la surface, en vertu de l'art. 6 de la présente loi, demeurera réunie à la valeur de la dite surface et sera affectée avec elle aux hypothèques prises par les créanciers du propriétaire.

Art. 19. Du moment où une mine sera concédée, même au propriétaire de la surface, cette propriété sera distinguée de celle de la surface, et désormais considérée comme propriété nouvelle, sur laquelle de nouvelles hypothèques pourront être assises, sans préjudice de celles qui auraient été ou seraient prises sur la surface et la redevance, comme il est dit à l'article précédent.

Si la concession est faite au propriétaire de la surface, la dite redevance sera évaluée pour l'exécution du dit article.

Art. 20. Une mine concédée pourra être affectée, par privilège, en faveur de ceux qui, par acte public et sans fraude, justifieraient avoir fourni des fonds pour les recherches de la mine, ainsi que pour les travaux de construction ou confection de machines nécessaires à son exploitation, à la charge de se conformer aux articles 2103 et autres du code Napoléon, relatifs aux privilèges.

Art. 21. Les autres droits de privilège et d'hypothèque pourront être acquis sur la propriété de la mine, aux termes et en conformité du code Napoléon, comme sur les autres propriétés immobilières.

TITRE IV.

Des concessions.

Section 1re.

Art. 22. La demande en concession sera faite par voie de simple pétition adressée au préfet, qui sera tenu de la faire enregistrer à sa date sur un registre particulier, et d'ordonner les publications et affiches dans les dix jours.

Art. 23. Les affiches auront lieu pendant quatre mois, dans le chef-lieu du département, dans celui de l'arrondissement où la mine est située, dans le lieu du domicile du demandeur, et dans toutes les communes, dans le territoire desquelles la concession peut s'étendre; elles seront insérées dans les journaux du département.

Art. 24. Les publications des demandes en concession de mines auront lieu devant la porte de la maison commune et des églises paroissiales ou consistoriales, à la diligence des maires, à l'issue de l'office, un jour de Dimanche, et au moins une fois par mois, pendant la durée des affiches. Les maires seront tenus de certifier ces publications.

Art. 25. Le Secrétaire-Général de la Préfecture délivrera au requérant un extrait certifié de l'enregistrement de la demande en concession.

Art. 26. Les demandes en concurrence et les oppositions qui seront formées, seront admises devant le Préfet jusqu'au dernier jour du quatrième mois à compter de la date de l'affiche : elles seront notifiées, par actes extraordinaires, à la préfecture du département, où elles seront enregistrées sur le registre indiqué à l'art. 22. Les oppositions seront notifiées aux parties intéressées, et le registre sera ouvert à tous ceux qui en demanderont communication.

Art. 27. A l'expiration du délai des affiches et publications, et sur la preuve de l'accomplissement des formalités portées aux articles précédents, dans le mois qui suivra, au plus tard, le Préfet du département, sur l'avis de l'ingénieur des mines, et après avoir pris des informations sur les droits et les facultés des demandeurs, donnera son avis, et le transmettra au Ministre de l'Intérieur.

Art. 28. Il sera définitivement statué sur la demande en concession, par un décret impérial délibéré en Conseil-d'Etat.

Jusqu'à l'émission du décret, toute opposition sera admissible devant le Ministre de l'Intérieur ou le Secrétaire-Général du Conseil-d'Etat. Dans ce dernier cas, elle aura lieu par une requête signée et présentée par un avocat au Conseil, comme il est pratiqué pour les affaires contentieuses ; et, dans tous les cas, elle sera notifiée aux parties intéressées.

Si l'opposition est motivée sur la propriété de la mine acquise par concession ou autrement, les parties seront renvoyées devant les Tribunaux et Cours.

Art. 29. L'étendue de la concession sera déterminée par l'acte de concession : elle sera limitée par des points fixes pris à la surface du sol et passant par des plans verticaux menés de cette surface dans l'intérieur de la terre, à une profondeur indéfinie, à moins que les circonstances et les localités ne nécessitent un autre mode de limitation.

Art. 30. Un plan régulier de la surface, en triple expédition, et sur une échelle de dix millimètres pour cent mètres, sera annexé à la demande.

Ce plan devra être dressé ou vérifié par l'ingénieur des mines, et certifié par le Préfet du département.

Art. 31. Plusieurs concessions pourront être réunies entre les mains du même concessionnaire, soit comme individu, soit comme représentant une compagnie, mais à la charge de tenir en activité l'exploitation de chaque concession.

Section 2.

Art. 32. L'exploitation des mines n'est pas considérée comme un commerce et n'est pas sujette à patente.

Art. 33. Les propriétaires de mines sont tenus de payer à l'Etat une redevance fixe, et une redevance proportionnée au produit de l'extraction.

Art. 38. Le Gouvernement accordera, s'il y a lieu, pour les exploitations qu'il en jugera susceptibles, et par un article de l'acte de concession, ou par un décret spécial délibéré en Conseil-d'Etat, pour les mines déjà concédées, la remise en tout ou partie du paiement de la redevance proportionnelle, pour le temps qui sera jugé convenable, et ce, comme encouragement, en raison de la difficulté des travaux. Semblable remise pourra aussi être accordée comme dédommagement, en cas d'accident de force majeure qui surviendrait pendant l'exploitation.

Art. 40. Les anciennes redevances dûes à l'Etat, soit en vertu des lois, ordonnances ou règlements, soit d'après les conditions énoncées en l'acte de concession, soit d'après des baux et adjudications, au profit de la régie du domaine, cesseront d'avoir cours à compter du jour où les redevances nouvelles seront établies.

Art. 41. Ne sont point comprises dans l'abrogation des anciennes redevances, celles dûes à titre de rentes, droits et prestations quelconques, pour cession de fonds ou autres causes semblables, sans déroger toutefois à l'application des lois qui ont supprimé les droits féodaux.

TITRE VII.

Réglements sur la propriété et l'exploitation des minières et sur l'établissement des forges, fourneaux et usines.

Section 2.

Art. 59. Le propriétaire du fonds sur lequel il y a du minerai de fer d'alluvion est tenu d'exploiter en quantité suffisante pour fournir, autant que faire se pourra, aux besoins des usines établies dans le voisinage avec autorisation légale ; en ce cas, il ne sera assujetti qu'à en faire la déclaration au Préfet du département ; elle contiendra la désignation des lieux. Le Préfet donnera acte de cette déclaration, ce qui vaudra permission pour le propriétaire, et l'exploitation aura lieu par lui sans autre formalité.

Art. 60. Si le propriétaire n'exploite pas, les maîtres de forges auront la faculté d'exploiter à sa place ; à la charge : 1.º d'en prévenir le propriétaire, qui, dans un mois, à compter de la notification, pourra déclarer qu'il entend exploiter lui-même ; 2.º d'obtenir du Préfet la permission, sur l'avis de l'ingénieur des mines, après avoir entendu le propriétaire.

Art. 61. Si, après l'expiration du délai d'un mois, le propriétaire ne déclare pas qu'il entend exploiter, il sera censé renoncer à l'exploitation ; le maître de forges pourra, après la permission obtenue, faire les fouilles immédiatement dans les terres incultes et jachères, et, après la récolte, dans toutes les autres terres.

Art. 62. Lorsque le propriétaire n'exploitera pas en quantité suffisante, on suspendra les travaux d'extraction pendant plus d'un mois, sans cause légitime, les maîtres de forges se pourvoiront auprès du Préfet pour obtenir permission d'exploiter à sa place.

Si les maîtres de forges laissent écouler un mois sans faire usage de cette permission, elle sera regardée comme non avenue, et le propriétaire de terrain rentrera dans tous ses droits.

Art. 63. Quand un maître de forges cessera d'exploiter un terrain, il sera tenu de le rendre propre à la culture, ou d'indemniser le propriétaire.

Art. 64. En cas de concurrence entre plusieurs maîtres de forges pour l'exploitation dans un même fonds, le Préfet déterminera, sur l'avis de l'ingénieur des mines, les proportions dans lesquelles chacun d'eux pourra exploiter, sauf le recours au Conseil d'Etat.

Le Préfet réglera de même les proportions dans lesquelles chaque maître de forges aura droit à l'achat du minerai, s'il est exploité par le propriétaire.

Art. 65. Lorsque les propriétaires feront l'extraction du minerai pour le vendre aux maîtres de forges, le prix en sera réglé entre eux de gré à gré, ou par des experts choisis ou nommés d'office, qui auront égard à la situation des lieux, aux frais d'extraction et aux dégâts qu'elle aura occasionnés.

Art. 66. Lorsque les maîtres de forges auront fait extraire le minerai, il sera dû au propriétaire du fonds, et avant l'enlèvement du minerai, une indemnité qui sera aussi réglée par experts, lesquels auront égard à la situation des lieux, aux dommages causés, à la valeur du minerai, distraction faite des frais d'exploitation.

Art. 67. Si les minerais se trouvent dans les forêts impériales, dans celles des établissements publics ou des communes, la permission de les exploiter ne pourra être accordée qu'après avoir entendu l'administration forestière. L'acte de permission déterminera l'étendue des terrains dans lesquels les fouilles pourront être faites. Ils seront tenus, en outre, de payer les dégâts occasionnés par l'exploitation, et de repiquer en glands ou plants, les places qu'elle aurait endommagées, ou une autre étendue proportionnelle déterminée par la permission.

Art. 68. Les propriétaires ou maîtres de forges ou d'usines, exploitant les minerais de fer d'alluvion, ne pourront, dans cette exploitation, pousser des travaux réguliers par des galeries souterraines, sans avoir obtenu une concession, avec les formalités et sous les conditions exigées par les articles de la Section Iʳᵉ du Titre III, et les dispositions du Titre IV.

Art. 69. Il ne pourra être accordé aucune concession pour minerais d'alluvion ou pour des mines en filons ou couches, que dans les cas suivants :

1.º Si l'exploitation à ciel ouvert cesse d'être possible, et si l'établissement de puits, galeries et travaux d'art, est nécessaire ;

2.º Si l'exploitation, quoique possible encore, doit durer peu d'années, et rendre ensuite impossible l'exploitation avec puits et galeries.

Art. 70. En cas de concession, le concessionnaire sera tenu toujours : 1.º de fournir aux usines qui s'approvisionnaient de minerai sur les lieux compris en la concession, la quantité nécessaire à leur exploitation, au prix qui sera porté au cahier des charges, ou qui sera fixé par l'administration ; 2.º d'indemniser les propriétaires au profit desquels l'exploitation avait lieu, dans la proportion du revenu qu'ils en tiraient.

Section 4.

Art. 73. Les fourneaux à fondre les minerais de fer et autres substances métalliques, les forges et martinets pour ouvrer le fer et le cuivre, les usines servant de patouillets et bocards, celles pour le traitement des substances salines et pyriteuses, dans lesquelles on consomme des combustibles, ne pourront être établis que sur une permission accordée par un règlement d'administration publique.

Art. 74. La demande en permisson sera adressée au préfet enrégistrée le jour de la remise, sur un régistre spécial à ce destiné, et affichée, pendant quatre mois, dans le chef-lieu du département, dans celui de l'arrondissement, dans la commune où sera situé l'établissement projeté, et dans le lieu du domicile du demandeur.

Le Préfet, dans le délai d'un mois, donnera son avis tant sur la demande que sur les oppositions et les demande en préférence qui seraient survenues; l'administration des mines donnera le sien sur la quotité du minerai à traiter; l'administration des forêts, sur l'établissement des bouches à feu, en ce qui concerne les bois, et l'administration des ponts-et-chaussées, sur ce qui concerne les cours d'eau navigables ou flottables.

Art. 75. Les impétrants des permissions pour les usines, supporteront une taxe une fois payée, laquelle ne pourra être au-dessous de *cinquante francs*, ni excéder *trois-cents francs*.

Art. 76. Les permissions seront données à la charge d'en faire usage dans un délai déterminé; elles auront une durée indéfinie, à moins qu'elles n'en contiennent la limitation.

Art. 77. En cas de contraventions, le procès-verbal dressé par les autorités compétentes sera remis au procureur impérial, lequel poursuivra la révocation de la permission, s'il y a lieu, et l'application des lois pénales qui y sont relatives.

Art. 78. Les établissements actuellement existants sont maintenus dans leur jouissance, à la charge par ceux qui n'ont jamais eu de permission ou qui ne pourraient représenter la permission obtenue précédemment, d'en obtenir une avant le 1.er Janvier 1815, sous peine de payer un triple droit de permission pour chaque année pendant laquelle ils auront négligé de s'en pourvoir et continué de s'en servir.

Art. 79. L'acte de permission d'établir des usines à traiter le fer, autorise les impétrants à faire des fouilles même hors de leurs propriétés, et à exploiter les minerais par eux découverts ou ceux antérieurement connus, à la charge de se conformer aux dispositions de la section 2.

Art. 80. Les impétrants sont aussi autorisés à établir des patouillets, lavoirs et chemins de charroi, sur les terrains qui ne leur appartiennent pas, mais sous les restrictions portées en l'article 11; le tout à la charge d'indemnité envers les propriétaires du sol, et en les prévenant un mois d'avance.

Circulaire du Ministre de l'Intérieur, du 15 Décembre 1852, relative aux Établissements insalubres. (Extrait).

———

MONSIEUR LE PRÉFET,

Je viens compléter mes instructions pour l'application du décret du 25 Mars dernier, en ce qui concerne les établissements insalubres ou incommodes.

Le premier point sur lequel j'appellerai votre attention, parce qu'il a déjà été l'objet d'une interprétation erronée, c'est le cas où il s'agit de suppression d'un établissement par application de l'art. 12 du décret du 15 Octobre 1810. Les affaires de ce genre doivent être instruites comme elles l'étaient avant le décret du 25 Mars, et soumises, ensuite, à l'administration supérieure, qui ne statuera qu'après avoir pris l'avis du Conseil d'État. Ce décret ne décentralise, en effet, que les demandes en autorisation, et ses motifs ne sauraient s'appliquer à des instances qui se présentent, en général, très-rarement, n'offrent pas un caractère d'urgence et peuvent entraîner une sorte d'expropriation.

Pour ce qui concerne les établissement nouveaux qui, n'ayant pas été compris dans la nomenclature des ateliers classés, vous sembleraient de nature à être rangés dans la première classe, vous n'avez point à en déterminer le classement, même provisoire ; mais vous en référerez à mon ministère, afin que la mesure puisse être l'objet d'un décret, vous bornant à suspendre, au besoin, la formation ou l'exploitation de l'usine.

A l'égard des établissements non encore classés qui vous paraîtraient devoir rentrer dans l'une ou l'autre des deux dernières classes, vous pouvez, d'après l'article 5 de l'ordonnance du 14 Janvier 1815, en permettre provisoirement la formation, en portant immédiatement cette décision à ma connaissance. Toutefois, vous comprendrez facilement qu'il convient de n'user de cette faculté que dans les cas urgents, et je vous recommande de me soumettre, en général, la question du classement avant de laisser ouvrir l'usine, même à titre provisoire. C'est le moyen de prévenir, pour l'administration, l'inconvénient d'avoir à revenir sur ces décisions, et, pour les industriels, des dépenses qui deviendraient inutiles si le classement primitif n'était pas maintenu.

La marche que je viens d'indiquer aura, en outre, l'avantage de permettre à l'administration de procéder par mesure générale, de telle sorte qu'une même industrie ne soit pas rangée dans des classes différentes, suivant les appréciations diverses des autorités départementales.

Votre responsabilité s'étant accrue en raison de l'extension de vos pouvoirs, je ne saurais trop vivement vous engager à provoquer, dans l'examen des demandes en autorisation d'établissement de première classe, tous les avis qui pourraient être utiles ; je vous ai déjà invité, par ma circulaire du 6 avril, à consulter sur toutes ces affaires, le Conseil d'hygiène et de salubrité de l'arrondissement. Je tiens, en outre, à votre disposition, pour les cas les plus graves, les hautes lumières du Comité consultatif des arts et manufactures : les dossiers que vous m'enverrez pour lui être soumis, seront l'objet d'un examen attentif, et vous trouverez toujours dans les rapports du Comité, de précieux éléments de décision.

Le paragraphe 9 du tableau B annexé à l'art. 2 du décret chargeant les préfets de statuer sur les demandes en autorisation de créer des ateliers insalubres ou incommodes de première classe, avec les recours existants pour les ateliers de deuxième classe, je crois devoir, pour prévenir toute hésitation, vous tracer la marche à suivre en cas de pourvoi.

Lorsqu'une demande en autorisation est admise par l'autorité préfectorale, ceux qui croient avoir à s'en plaindre, qu'ils aient ou non figuré dans l'enquête, sont indistinctement reçus à former opposition devant le Conseil de Préfecture, qui statue contradictoirement, sauf recours au Conseil d'Etat.

Dans l'hypothèse contraire, c'est-à-dire quand l'autorisation a été refusée, la seule voie ouverte au demandeur est celle du recours au Conseil d'Etat ; son appel au Conseil de préfecture ne serait pas recevable.

C'est en ce sens que doit être entendu l'art. 7 du décret du 15 Octobre 1810, interprété par la circulaire du 3 Novembre 1828, et c'est d'après ces principes que doivent être désormais introduits les recours en matière d'établissements de première classe.

NOMENCLATURE

Des Manufactures, Établissements et Ateliers dangereux, insalubres ou incommodes, régis par les règlements des 15 Octobre 1810 et 14 Janvier 1815.

Cette nomenclature se divise en trois classes :

PREMIÈRE CLASSE.

Abattoirs publics et communs.
Acide nitrique, *Eau-forte* (Fabrication de l').
Acide pyroligneux (Fabriques de) lorsque les gaz se répandent dans l'air sans être brûlés.
Acide sulfurique (Fabrication de l').
Affinage de l'or ou de l'argent par l'acide sulfurique, quand les gaz dégagés pendant cette opération sont versés dans l'atmosphère.
Affinage de métaux au fourneau à manche, au fourneau à coupelle ou au fourneau à réverbère.
Allumettes. (Voir ci-après *Poudres fulminantes*).
Amidonniers.
Amorces fulminantes. (Voir *Fulminante de mercure*).
Arcansons. (Voir ci-après *Goudrons*).
Artificiers.
Bleu de Prusse (Fabrique de); lorsqu'on n'y brûlera pas la fumée et le gaz hydrogène sulfuré.
Bleu de Prusse. (Voir ci-après *Sang des animaux*).
Boues et immondices. (Voir ci-après *Voiries*).
Boyaudiers.
Calcination d'os d'animaux, lorsqu'on n'y brûle par la fumée.
Cendres d'orfèvre (Traitement des) par le plomb.
Cendres gravelées (Fabrication des), lorsqu'on laisse répandre la fumée au dehors.
Chairs ou débris d'animaux. (Dépôts, ateliers, fabriques où ces matières sont préparées par la macération, ou desséchées pour être employées à quelqu'autre fabrication).
Chanvre (Routoirs servant au rouissage en grand du) par son séjour dans l'eau.
Charbon animal (Fabrication ou revivification du), lorsqu'on n'y brûle pas la fumée.
Charbon de terre (Épurage du) à vases ouverts.
Chlorure de chaux (Fabrication en grand du).
Chlorures alcalins, *Eau de Javelle* (Fabrication en grand des) destinés au commerce, aux fabriques.
Colle forte (Fabrique de)
Combustion de plantes marines, lorsqu'elle se pratique dans des établissements permanents.
Cordes à instruments (Fabriques de).
Cretonniers.
Cristaux. (Voir ci-après *Verre*).
Cuirs vernis (Fabrique de).

Cuivre. (Voir ci-après *Sulfate de cuivre*).

Débris d'animaux. (Voir ci-dessus *Chairs,* etc.)

Dégras, ou huile épaisse à l'usage des tanneurs (Fabrique de).

Désargentage du cuivre par le mélange de l'acide sulfurique et de l'acide nitrique (Les ateliers de).

Eau de javelle. (Voir ci-dessus *Chlorures alcalins*).

Eau forte. (Voir ci-dessus *Acide nitrique*).

Écarrissage.

Échaudoirs dans lesquels on prépare et l'on cuit les intestins et autres débris des animaux.

Émaux. (Voir ci-après *Verre*).

Encre d'imprimerie (Fabrique d').

Engrais (Les dépôts de matières provenant de la vidange des latrines ou des animaux, destinés à servir d').

Éther (Fabrique de), et les dépôts d'éther, lorsque ces dépôts en contiennent plus de 40 litres à la fois).

Étoupilles (Voir ci-après *Poudres fulminantes*).

Feutres vernis. (Voir ci-après *Visières vernies*).

Fourneaux (Hauts) La formation de ces établissements est régie par la loi du 21 Avril 1810 (1).

Fulminate de mercure, amorces fulminantes et autres matières dans la préparation desquelles entre le fulminate de mercure (Fabrique de).

Galipots, ou résines du pin, (Voir ci-après *Goudrons*).

Gaz hydrogène. (Voir ci-dessous *Sel ammoniac extrait des eaux de condensation du gaz hydrogène*).

Goudron (Fabrication du).

Goudrons (Travail en grand des), soit pour la fonte et la préparation de ces matières, soit pour en extraire la térébenthine.

Graisses à feu nu (Fonte des).

Huile de pied de bœuf (Fabriques d').

Huile de poissons (Fabriques d').

Huiles de térébenthine et d'aspic (Distillation en grand des).

Huile épaisse à l'usage des tanneurs (Fabrique d'). Voir ci-dessus *Dégras*.

Huile rousse (Fabriques d'), extraite des cretons et débris de graisses à une haute température.

Huiles de lin (Cuisson des).

Lin (Routoirs servant au rouissage en grand du) par son séjour dans l'eau.

Litharge (Fabrication de la).

Massicot (Fabrique de) première préparation du plomb pour le convertir en minium.

Ménageries.

Minium (Fabrication du). Préparation de plomb pour les potiers faïenciers, fabricants de cristaux, etc.

Muriate d'ammoniac. (Voir ci-après *Sel ammoniac*).

Noir animalisé (Fabrique et dépôt de).

Noir d'ivoire et noir d'os (Fabrique de) lorsqu'on n'y brûle pas la fumée.

Orseille (Fabrication de l').

Os d'animaux (Calcination d') Voir ci-dessus *Calcination d'os.*

Plantes marines. (Voir *Combustion des plantes marines*).

Porcheries.

Potasse (Fabriques de) par la calcination des résidus provenant de la distillation de la mélasse.

Poudres ou matières détonnantes et fulminantes (Fabriques de), la fabrication d'allumettes, d'étoupilles ou autres objets du même genre préparés avec ces sortes de poudres ou matières.

---

(1) Voir les dispositions de cette loi, page 57.

Poudrette.

Résines (**Le travail en grand des**) et de toutes les matières résineuses. (Voir ci-dessus *Goudrons*).

Rouge de Prusse (Fabriques de) à vases ouverts.

Routoirs servant au rouissage, en grand, du *chanvre* et du *lin*, par leur séjour dans l'eau.

Sabots (Ateliers à enfumer les) dans lesquels il est brûlé de la corne ou d'autres matières animales, dans les villes.

Sang des animaux destiné à la fabrication du bleu de Prusse (Dépôts et ateliers pour la cuisson ou la dessication du).

Sel ammoniac ou muriate d'ammoniaque (Fabrication du) par le moyen de la distillation des matières animales.

Sel ammoniac extrait des eaux de condensation du gaz hydrogène (Fabriques de).

Soies de cochon (Ateliers pour leur préparation) par tout procédé de fermentation.

Soude. (Voir ci-après *Sulfate de soude*).

Soudes de Wareck (Fabrication en grand) lorsqu'elle s'opère dans des établissements permanents.

Soufre (Fabrication des fleurs de).

Soufre (Distillation du).

Suif brun (Fabrication du).

Suif en branche (Fonderies de) à feu nu.

Suif d'os (Fabrication du).

Sulfate d'ammoniac (Fabrication du) par le moyen de la distillation des matières animales.

Sulfate de cuivre (Fabrication du), au moyen du soufre et du grillage.

Sulfate de soude (Fabrication du) à vases ouverts.

Sulfures métalliques (Grillage des) en plein air.

Tabac (Combustion des côtes du) en plein air.

Taffetas cirés (Fabrique de).

Taffetas et toiles vernis (Fabrication des).

Térébenthine (Travail en grand pour l'extraction de la). Voir ci-dessus *Goudrons*.

Toile cirée (Fabriques de).

Toiles vernies (Fabrication des). Voir ci-dessus *Taffetas vernis*.

Tourbe (Carbonisation de la) à vases ouverts.

Tripiers.

Tueries. (Voir *Abattoirs publics et communs*).

Urate (Fabrication d'), mélange de l'urine avec la chaux, le plâtre et les terres.

Vernis (Fabriques de).

Verres, cristaux et émaux (Fabriques de).

Visières et feutres vernis (Fabriques de).

Voiries et dépôts de boues ou de toute autre sorte d'immondices.

Wareck. (Voir *Soudes de Wareck*).

DEUXIÈME CLASSE.

Absinthe (Distilleries d'extrait ou esprit d').

Acide muriatique (Fabrication de l') à vases clos.

Acide muriatique oxigéné (Fabrication de l').

Acide muriatique oxigéné. (Voir ci-après *Chlore*).

Acide nitrique, *eau-forte* (Fabrication de l') par la décomposition du salpêtre, au moyen de l'acide sulfurique dans l'appareil de *Wolff*.

Acide pyroligneux (Fabriques de), lorsque les gaz sont brûlés.

Acide pyroligneux (Toutes les combinaisons de l') avec le fer, le plomb ou la soude.

Acier (Fabriques d').

Affinage de l'or ou de l'argent par l'acide sulfurique, quand les gaz dégagés pendant cette opération sont condensés.

Affinage de l'or ou de l'argent au moyen du départ et du fourneau à vent.

Amidon (Fabrique de) avec séparation du gluten, où le travail s'opère, sans emploi de fermentation, par lavages successifs de la pâte et avec écoulement des eaux.

Battoirs à écorce, dans les villes.

Bitume en planche (Fabriques de)..

Bitumes pissasphaltes (Atelier pour la fonte et la préparation des).

Blanc de baleine (Raffineries de).

Blanc de plomb ou de céruse (Fabriques de).

Blanchiment des tissus et des fils de laine ou de soie par le gaz ou l'acide sulfureux.

Blanchiment des toiles et fils de chanvre, de lin et de coton, par le chlore.

Bleu de Prusse (Fabriques de) lorsqu'elles brûlent leur fumée et le gaz hydrogène sulfuré, etc.

Briqueteries (Voir ci-après *Tuileries*).

Buanderies des blanchisseurs de profession et les lavoirs qui en dépendent, quand ils n'ont pas un écoulement constant de leurs eaux.

Cailloux. (Voir ci-après *Fours* et *Moulins*).

Calcination d'os d'animaux, lorsque la fumée est brûlée.

Carbonisation du bois à air libre, lorsqu'elle se pratique dans des établissements permanents et ailleurs que dans les bois et forêts, ou en rase campagne.

Cartonniers.

Cendres d'orfèvre (Traitement des) par le mercure et la distillation des amalgames.

Cendres gravelées (Fabriques de), lorsqu'on brûle la fumée, etc.

Céruse. (Voir ci-dessus *Blanc de plomb*).

Chamoiseurs.

Chandeliers.

Chanvre. (Voir *Peignage*).

Chapeaux (Fabrique de).

Charbon animal (Fabrication ou revivification du), lorsque la fumée est brûlée.

Charbon de bois fait à vases clos.

Charbon de bois (Magasin de) dans les villes.

Charbon de terre épuré, lorsqu'on travaille à vases clos.

Châtaignes (Dessication et conservation des).

Chaudières (Voir *Machines et Chaudières à haute et à basse pression*).

Chaux (Fours à) permanents.

Chaux. (Voir ci-après *Moulins*).

Chiffonniers.

Chlore, *Acide muriatique oxigéné* (Fabrication du), quand ce produit est employé dans les établissements mêmes où on le prépare.

Chlorure de chaux (Atelier où l'on fabrique en petite quantité, c'est-à-dire dans une proportion de trois cents kilog. au plus, par jour, du).

Chlorures alcalins, *Eau de Javelle* (Ateliers où l'on fabrique en petite quantité, c'est-à-dire dans une proportion de trois cents kilogrammes au plus, par jour, des),

Chromate de potasse (Fabriques de).

Chrysalides (Dépôts de).

Cire à cacheter (Fabriques de).

Cocons. (Voir *Filature*).

Colle de peau de lapin (Fabriques de)

Corroyeurs.

Couverturiers.

Cuirs verts et peaux fraîches (Dépôts de).

Cuivre) Fonte et laminage du).
Cuivre. (Voir ci-après *Sulfate de cuivre*).
Cuivre (Dérochage du) par l'acide nitrique.
Dérochage. (Voir ci-dessus *Cuivre*).
Eau de javelle. (Voir ci-dessus *Chlorures alcalins*).
Eau-de-vie (Distilleries d').
Eau forte. (Voir ci-dessus *Acide nitrique*).
Eaux savonneuses des fabriques. Voir ci-après *Huile (Extraction del')* et des autres corps gras contenus dans les eaux savonneuses des fabriques.
Émaux. (Voir ci-après *Fours*).
Éponges. (Voir *Lavage*).
Faïence (Fabriques de).
Fer. (Voir ci-après *Sulfate de fer*).
Feutre goudronné propre au doublage des navires. (Fabrication de).
Filature (Ateliers dans lesquels elle s'opère en grand, c'est-à-dire contenant au moins six tours).
Fonderies au fourneau à la *Wilkinson*.
Fondeurs en grand au fourneau à réverbère.
Forges de grosses œuvres, c'est-à-dire celles où l'on fait usage de moyens mécaniques pour mouvoir soit les marteaux, soit les masses soumises au travail.
Fourneaux à réverbère. (Voir ci-dessus *Fondeurs*).
Fours à cuire les cailloux destinés à la fabrication des émaux.
Galons et tissus d'or et d'argent (Brûleries en grand des).
Gaz (Ateliers où l'on prépare les matières grasses propres à la production du).
Gaz hydrogène (Tous les établissements d'éclairage par le), tant les usines où le gaz est fabriqué, que les dépôts où il est conservé.
Genièvre (Distilleries de).
Hareng (Saurage du).
Hongroyeurs.
Huile de térébenthine et autres huiles essentielles (Dépôts d').
Huile (Extraction de l') et des autres corps gras contenus dans les eaux savonneuses des fabriques.
Huiles (Épuration des) au moyen de l'acide sulfurique,
Indigoteries.
Lard (Ateliers à enfumer le).
Lavage et séchage d'éponges (Établissement de)
Lavoirs des blanchisseurs (Voir ci-dessus *Buanderies*).
Lins. (Voir *Peignage*).
Liqueurs (Fabrication des).
Machines et chaudières à haute pression, c'est-à-dire dans lesquelles la force élastique de la vapeur fait équilibre à plus de deux atmosphères, lors même qu'elles brûleraient complètement leur fumée. (Voir ci-après *Pompes à feu*).
Maroquiniers.
Mégissiers.
Moulins à broyer le plâtre, la chaux et les cailloux.
Moulins à farine, dans les villes.
Muriate d'étain. (Voir ci-après *Sel d'étain*).
Noir de fumée (Fabrication du).
Noir d'ivoire et noir d'os (Fabriques de), lorsqu'on brûle la fumée.
Noir minéral (Carbonisation et préparation de schistes bitumineux pour fabriquer le).
Or et argent (Affinage de l') au moyen du départ et du fourneau à vent.
Orseille à vases clos et n'employant que de l'ammoniaque ou des sels alcalins à l'exclusion formelle de l'urine
Os (Blanchiment des) pour les éventaillistes et les boutonniers.
Os d'animaux (Calcination d'). Voir ci-dessus *Calcination d'os*.

Papiers (Fabriques de).
Parcheminiers.
Peaux de lièvre et de lapin. (Voir ci-après *Sécrétage*).
Peaux fraîches. (Voir *Cuirs verts*).
Peignage en grand des chanvres et lins dans les villes (Ateliers pour le).
Phosphore (Fabriques de).
Pipes à fumer (Fabrication des).
Plâtre (Fours à) permanents.
Plâtre. (Voir ci-dessus *Moulins*).
Plomb (Fonte du) et laminage de ce métal.
Poëliers-fournalistes. Poëles et fourneaux en faïence et terre cuite (Fabrication des).
Poils de lièvre et de lapin. (Voir ci-après *Sécrétage*).
Pompes à feu. (Voir *Machines* et *Chaudières* à haute et à basse pression).
Porcelaine (Fabrication de la).
Potiers de terre.
Rogues (Dépôts de salaisons liquides, connues sous le nom de).
Rouge de Prusse (Fabriques de) à vases clos.
Salaison (Ateliers pour la) et le saurage des poissons.
Salaisons (Dépôts de).
Sardines (Conserves de) fabriques situées dans les villes.
Séchage d'éponges. (Voir *Lavage*).
Schistes bitumineux. (Voir ci-dessus *Noir animal*).
Sécheries de morues.
Sécrétage des peaux ou poils de lièvre et de lapin.
Sel ou muriate d'étain (Fabrication du).
Soie. (Voir *Chapeaux, Filatures*).
Soude. (Voir ci-après *Sulfate de soude*).
Soufre (Fusion du) pour le couler en canons, et épuration de cette même matière par fusion ou décantation.
Sucre (Raffineurs et fabricants de).
Suif (Fonderies de) au bain-marie ou à la vapeur.
Sulfate de soude (Fabrication du) à vases clos.
Sulfates de fer et de zinc (Fabrication des), lorsqu'on forme ces sels de toutes pièces avec l'acide sulfurique et les substances métalliques.
Sulfures métalliques (Grillage des) dans les appareils propres à tirer le soufre et à utiliser l'acide sulfureux qui se dégage.
Tabac (Fabriques de).
Tabatières en carton (Fabrication des).
Tanneries.
Tissus d'or et d'argent (Brûleries en grand des) Voir ci-dessus *Galons.*
Toiles (Blanchîment des) par l'acide muriatique oxigéné.
Tôle vernie (Fabriques de).
Tourbe (Carbonisation de la) à vases clos.
Tuileries et briqueteries.
Vernis. (Voir *Chapeaux*).
Vernis à l'esprit-de-vin (Fabriques de).
Zinc (Usines à laminer le).
Zinc. (Voir ci-dessus *Sulfate de zinc*).

TROISIÈME CLASSE.

Acétate de plomb, *Sel de Saturne* (Fabrication de l').
Acide acétique (Fabrique de l').
Acide tartareux (Fabrication de l').
Alcali caustique en dissolution. (Voir ci-après *Eau seconde*).

Alcali volatil. (Voir ci-après *Ammoniaque.*

Alumine.
Alun. .... } Voir ci-après *Sulfates de fer et d'alumine.*

Ammoniaque ou alcali volatil (Fabrication en grand avec les sels ammonia-caux de l').

Ardoises artificielles et mastics de différents genres (Fabriques de).

Baleine (Voir *Fanon de baleine*).

Battage en grand et journalier de la laine et de la bourre.

Batteurs d'or et d'argent.

Blanc de baleine. (Voir ci-après *Bougie*).

Blanc d'Espagne (Fabrique de).

Blanchiment des toiles et fils de chanvre, de lin ou de coton, par les chlorures alcalins.

Bois dorés (Brûleries des).

Borax artificiel (Fabriques de).

Borax (Raffinage du).

Bougies de blanc de baleine (Fabriques de).

Bourre. (Voir ci-dessus *Battage.*

Boutons métalliques (Fabrication des).

Brasseries.

Briqueteries ne faisant qu'une seule fournée en plein air, comme on le fait en Flandre.

Briquets phosphoriques et briquets oxigénés (Fabriques de).

Buanderies.

Buanderies des blanchisseurs de profession et les lavoirs qui en dépendent, quand ils ont un écoulement constant de leurs eaux.

Camphre (Préparation et raffinage du).

Caractères d'imprimerie (Fonderies de).

Caramel en grand (Fabriques de).

Cendres (Laveurs de).

Cendres bleues et autres précipités de cuivre (Fabrication des).

Chantiers de bois à brûler, dans les villes.

Charbon de bois, dans les villes (Dépôts de).

Chaudières (Voir *Machines* et *Chaudières* à haute et à basse pression).

Chaux (Fours à) ne travaillant pas plus d'un mois par année.

Chicorée-café (Fabriques de).

Chromate de plomb (Fabriques de).

Ciriers.

Colles de parchemin et d'amidon (Fabriques de).

Cornes (Travail de la) pour la réduire en feuilles.

Cristaux de soude, *Sous-carbonate de soude cristallisé* (Fabrication de).

Cuisson des têtes d'animaux dans des chaudières établies sur un fourneau de construction, quand elle n'est pas accompagnée de fonderie de suif. (Voir ci-après *Échaudoire*).

Dégraisseurs. (Voir ci-après *Teinturiers-dégraisseurs*).

Doreurs sur métaux.

Eau seconde (Fabrication de l') des peintres en bâtiments, *Alcali caustique en dissolution*).

Échaudoirs dans lesquels on traite les têtes et les pieds d'animaux, afin d'en séparer le poil (Voir ci-dessus *Cuisson*).

Encre à écrire (Fabriques d').

Engraissage des oies (Établissements en grand pour l').

Essayeurs.

Étain (Fabrication des feuilles d').

Fanons de baleine (Atelier pour le travail des).

Fécule de pommes de terre (Fabriques de).

Fer. (Voir ci-après *Sulfate de fer*).

Fer-blanc (Fabriques de).
Fondeurs au creuset.
Fromages (Dépôts de).
Gaz (Ateliers pour le grillage des tissus de coton par le).
Gaz hydrogène (Les petits appareils domestiques pour fabriquer le) destiné à
fournir au plus à dix becs d'éclairage, et tout gazomètre en dépendant d'une
capacité de sept mètres cubes au plus.
Gélatine extraite des os (Fabrication de la) par le moyen des acides et de
l'ébulition.
Glaces (Étamage des).
Grillage de tissus de coton par le gaz (Ateliers de). Voir ci-dessus *Gaz*.
Laques (Fabrication des).
Laine. (Voir ci-dessus *Battage*).
Lavoirs à laine (Établissements des).
Lavoirs des blanchisseurs. (Voir ci-dessus *Buanderies*).
Lustrage des peaux.
Machines et chaudières à basse pression, c'est-à-dire fonctionnant à moins de
deux athmosphères, brûlant ou non la fumée.
Mastics. (Voir ci-dessus *Ardoises artificielles et mastics de différents genres*).
Moulins à huile.
Ocre jaune (Calcination pour le convertir en ocre rouge).
Papiers peints et papiers marbrés (Fabriques de).
Peaux. (Voir ci-dessus *Lustrage des peaux*).
Plâtre (Fours à) ne travaillant pas plus d'un mois par année.
Plomb de chasse (Fabrication du).
Plombiers et fontainiers.
Pompes à feu à basse pression brûlant leur fumée.
Potasse (Fabriques de).
Potasse. (Voir ci-dessus *Chromate de potasse*).
Potiers d'étain.
Précipité de cuivre (Fabrication du). Voir ci-dessus *Cendres bleues*.
Sabots (Ateliers à enfumer les).
Salpêtre (Fabrication et raffinage du).
Savonneries.
Sel (Raffineries de).
Sel de Saturne (Fabrication du). Voir ci-dessus *Acétate de plomb*.
Sel de soude sec (Fabrication du), *Sous-carbonate de soude sec*.
Sirop de fécule de pommes de terre (Extraction du).
Soude (Fabrication de la) ou décomposition du sulfate de soude.
Sous-carbonate de soude sec. (Voir ci-dessus *Sel de soude sec*).
Sulfate de cuivre (Fabrication du) au moyen de l'acide sulfurique et de l'oxide
de cuivre ou du carbonate de cuivre.
Sulfate de potasse (Raffinage du).
Sulfates de fer et d'alumine ; extraction de ces sels des matériaux qui les ontiennent
tout formés, et transformation du sulfate d'alumine en alun.
Tartre (Raffinage du).
Teinturiers
Teinturiers-dégraisseurs.
Toiles peintes (Ateliers de).
Tréfileries.
Vacheries dans les villes dont la population excède 5,000 habitants.
Verdet (Fabrication du). Voir ci-après *Vert-de-gris*).
Vert-de-gris et verdet (Fabrication de).
Viandes (Salaison et préparation des).
Vinaigre (Fabrication du).

SUBSTANCES VÉNÉNEUSES.

ORDONNANCE.

Saint-Cloud, le 29 Octobre 1846.

Vu la loi du 19 Juillet 1845, portant :

« ART. Ier. Les contraventions aux ordonnances royales, portant
» règlement d'administration publique sur la vente, l'achat et l'em-
» ploi des substances vénéneuses, seront punies d'une amende de
» 100 fr. à 3,000 francs, et d'un emprisonnement de six jours à deux
» mois, sauf application, s'il y a lieu, de l'art. 463 du Code pénal ».
» Dans tous les cas, les tribunaux pourront prononcer la confis-
» cation des substances saisies en contravention ».
» ART. II. Les articles 34 et 35 de la loi du 21 Germinal an XI,
» seront abrogés, à partir de la promulgation de l'ordonnance qui
» aura statué sur la vente des substances vénéneuses » ;
Sur le rapport de notre Ministre Secrétaire d'Etat de l'Agriculture et du Commerce ;
Notre Conseil d'Etat entendu,
Nous avons ORDONNÉ et ORDONNONS ce qui suit :

TITRE Ier.

Du commerce des substances vénéneuses.

ARTICLE PREMIER.

Quiconque voudra faire le commerce d'une ou de plusieurs des
substances comprises dans le tableau annexé à la présente ordonnance (1), sera tenu d'en faire préalablement la déclaration devant
le maire de la commune, en indiquant le lieu où est situé son établissement.

Les chimistes, fabricants ou manufacturiers employant une ou
plusieurs desdites substances, seront également tenus d'en faire la
déclaration dans la même forme.

Ladite déclaration sera inscrite sur un registre à ce destiné, et
dont un extrait sera remis au déclarant ; elle devra être renouvelée,
dans le cas de déplacement de l'établissement.

(1 Ce tableau est remplacé par celui qui est annexé au décret du 8 Juillet
1850, reproduit page 77.

Art. 2.

Les substances auxquelles s'applique la présente ordonnance, ne pourront être vendues ou livrées qu'aux commerçants, chimistes, fabricants ou manufacturiers qui auront fait la déclaration prescrite par l'article précédent ou aux pharmaciens.

Lesdites substances ne devront être livrées que sur la demande écrite et signée de l'acheteur.

Art. 3.

Tous achats ou ventes de substances vénéneuses seront inscrits sur un registre spécial, coté et parafé par le maire ou par le commissaire de police.

Les inscriptions seront faites de suite et sans aucun blanc, au moment même de l'achat ou de la vente ; elles indiqueront l'espèce et la quantité des susbtances achetées ou vendues, ainsi que les noms, professions et domiciles des vendeurs ou des acheteurs.

Art. 4.

Les fabricants et manufacturiers employant les substances vénéneuses en surveilleront l'emploi dans leur établissement, et constateront cet emploi sur un registre établi conformément au premier paragraphe de l'article 3.

TITRE II.

De la vente des substances vénéneuses par les pharmaciens.

Art. 5

La vente des substances vénéneuses ne peut être faite pour l'usage de la médecine, que par les pharmaciens et sur la prescription d'un médecin, chirurgien, officier de santé ou d'un vétérinaire breveté.

Cette prescription doit être signée, datée, et énoncer en toutes lettres la dose desdites substances, ainsi que le mode d'administration du médicament.

Art. 6.

Les pharmaciens transcriront lesdites prescriptions, avec les indications qui précèdent, sur un registre établi dans la forme déterminée par le paragraphe premier de l'article 3.

Ces transcriptions devront être faites de suite et sans aucun blanc.

Les pharmaciens ne rendront les prescriptions que revêtues de leur cachet et après y avoir indiqué le jour où les substances auront été livrées, ainsi que le numéro d'ordre de la transcription sur le registre.

Ledit registre sera conservé pendant vingt ans, au moins, et devra être représenté à toute réquisition de l'autorité.

Art. 7.

Avant de délivrer la préparation médicale, le pharmacien y apposera une étiquette indiquant son nom et son domicile, et rappelant la destination interne ou externe du médicament.

Art. 8.

L'arsenic et ses composés ne pourront être vendus pour d'autres usages que la médecine, que combinés avec d'autres substances.

Les formules de ces préparations seront arrêtées, sous l'approbation de notre Ministre Secrétaire d'Etat de l'Agriculture et du Commerce, savoir :

Pour le traitement des animaux domestiques, par le conseil des professeurs de l'école royale vétérinaire d'Alfort ;

Pour la destruction des animaux nuisibles et pour la conservation des peaux et objets d'histoire naturelle, par l'école de pharmacie (1).

Art. 9.

Les préparations mentionnées dans l'article précédent ne pourront être vendues ou délivrées que par les pharmaciens, et seulement à des personnes connues et domiciliées.

Les quantités livrées, ainsi que le nom et le domicile des acheteurs, seront inscrits sur le registre spécial dont la tenue est prescrite par l'article 6.

Art. 10.

La vente et l'emploi de l'arsenic et de ses composés sont interdits pour le chaulage des grains, l'embaumement des corps et la destruction des insectes.

TITRE III.

Dispositions générales.

Art. 11.

Les substances vénéneuses doivent toujours être tenues, par les commerçants, fabricants, manufacturiers et pharmaciens, dans un endroit sûr et fermé à clé.

Art, 12.

L'expédition, l'emballage, le transport, l'emmagasinage et l'em-

---

1, Voir ces formules page 79.

ploi doivent être effectués par les expéditeurs, voituriers, commerçants et manufacturiers, avec les précautions nécessaires pour prévenir tout accident.

Les fûts, récipients ou enveloppes ayant servi directement à contenir les substances vénéneuses, ne pourront recevoir aucune autre destination.

Art. 13.

A Paris et dans l'étendue du resssort de la préfecture de police, les déclarations prescrites par l'article 1.ᵉʳ, seront faites devant le préfet de police.

Art. 14.

Indépendamment des visites qui doivent être faites en vertu de la loi du 21 Germinal an XI, les maires ou Commissaires de police, assistés, s'il y a lieu, d'un docteur en médecine désigné par le préfet, s'assureront de l'exécution des dispositions de la présente ordonnance.

Ils visiteront, à cet effet, les officines des pharmaciens, les boutiques et magasins des commerçants et manufacturiers, vendant ou employant lesdites substances. Ils se feront représenter les registres mentionnés dans les articles 1.ᵉʳ, 3, 4 et 6, et constateront les contraventions.

Leurs procès-verbaux seront transmis au procureur du Roi, pour l'application des peines prononcées par l'article 1.ᵉʳ de la loi du 19 Juillet 1845.

DÉCRET.

Du 8 Juillet 1850.

Sur le rapport du Ministre de l'Agriculture et du Commerce ;

Vu la loi du 19 Juillet 1845 ;

Vu l'ordonnance du 29 Octobre 1846, portant règlement sur la vente des substances vénéneuses ;

Vu les avis de l'Ecole de Pharmacie, du Comité consultatif des arts et manufactures, du Conseil de salubrité du département de la Seine et de l'Académie de médecine ;

Le Conseil d'Etat entendu,

Décrète :

Article Premier.

Le tableau des substances vénéneuses, annexé à l'ordonnance du 29 Novembre 1846, est remplacé par le tableau joint au présent décret.

Art 2.

Dans les visites spéciales prescrites par l'article 14 de l'ordonnance du 29 Octobre 1846, les maires ou commissaires de police seront assistés, s'il y a lieu, soit d'un docteur en médecine, soit de deux professeurs d'une école de pharmacie, soit d'un membre du jury médical et d'un des pharmaciens adjoints à ce jury, désignés par le préfet.

TABLEAU des Substances vénéneuses annexé au décret qui précède.

Acide cyanhydrique.	Digitale, extrait de teinture.
Alcaloïdes végétaux, vénéneux et leurs sels.	Émétique.
	Jusquiame, extrait et teinture.
Arsenic et ses préparations.	Nicotiane.
Belladone, extrait et teinture.	Nitrate de mercure.
Cantharides entières, poudre et extrait.	Opium et son extrait.
Chloroforme.	Phosphore.
Ciguë, extrait et teinture.	Seigle ergoté.
Cyanure de mercure.	Stramonium, extrait et teinture.
Cyanure de potassium.	Sublimé corrosif.

Arrêté du Ministre de l'Agriculture et du Commerce.

Paris, le 28 Mars 1848.

Vu l'art. 8 de l'ordonnance du 29 Octobre 1846 ;

Sur la proposition de l'Ecole de pharmacie et du Conseil des professeurs de l'École nationale vétérinaire d'Alfort,

Arrête :

Article premier.

Sont approuvées les formules annexées au présent arrêté.

Art. 2.

Une ampliation du présent arrêté sera transmise à tous les pharmaciens, avec les formules qui y sont annexées.

FORMULES

Arrêtées par l'École spéciale de pharmacie de Paris.

PATE ARSÉNICALE POUR LA DESTRUCTION DES ANIMAUX NUISIBLES.

Suif fondu. . . . . 1,000 grammes.
Farine de froment. . , ... 1,000
Acide arsénieux en poudre très-fine 100
Noir de fumée. 10
Essence d'anis. 1

Faites fondre le suif dans une terrine, à feu doux, ajoutez-y les autres substances et mélangez exactement.

Cette préparation peut être employée, pour la destruction des animaux nuisibles, soit seule, soit mélangée avec partie égale de pain émietté ou de tout autre substance recherchée par les animaux qu'on veut détruire.

SAVON ARSÉNICAL POUR LA CONSERVATION DES DÉPOUILLES D'ANIMAUX.

Prenez : Acide arsénieux pulvérisé. . . . . 520 grammes.
Carbonate de potasse desséché. 120
Eau distillée. 320
Savon marbré de Marseille. 520
Chaux vive en poudre fine. 40
Camphre. 10

Mettez dans une capsule de porcelaine, d'une capacité triple, l'eau, l'acide arsénieux et le carbonate de potasse sec; faites chauffer en agitant souvent pour faciliter le dégagement de l'acide carbonique. Continuez de chauffer, et faites bouillir légèrement jusqu'à dissolution complète de l'acide arsénieux ; ajoutez alors le savon très-divisé, et retirez du feu.

Lorsque la dissolution du savon est opérée, ajoutez la chaux pulvérisée et le camphre réduit en poudre au moyen de l'alcool. Achevez sa préparation en broyant le mélange sur un porphyre ; renfermez-le dans un pot fermé ou dans un flacon à large ouverture et bouché.

FORMULES

Des préparations arsénicales arrêtées par le Conseil des Professeurs de l'École vétérinaire d'Alfort.

PRÉPARATIONS DESTINÉES A L'USAGE EXTERNE.

N.º 1. — *Poudre pour bain de Tessier.*

Acide arsénieux. . . . . 2 kilog.
Proto-sulfate de fer. . . . . 20 kilog.
Protoxyde de fer anhydre (colchotar). . . . . 800 gram.
Poudre de racine de grande gentiane (gentiana lutea). . 400 gram.

Mode de préparation. — Triturez séparément dans un mortier l'acide arsénieux et le proto-sulfate de fer ; réunissez ensuite ces deux substances, et faites un mélange intime ; ajoutez l'oxide de fer et la poudre de gentiane ; mélangez de nouveau très-exactement toutes ces substances. Conservez cette poudre composée, dans des vases en verre bien bouchés.

N.º 2. — *Bain de Tessier.*

Poudre pour bain de Tessier n.º 1. . . . . 11 kilogr. 600 gram.
Eau ordinaire. . . . . 100 litres.

Mode de préparation. — Mettez la poudre dans une grande chaudière en fonte, avec les cent litres d'eau ; faites bouillir jusqu'à réduction au tiers ; remettez autant d'eau qu'il s'en est évaporé, ou soixante-six litres ; laissez bouillir huit à dix minutes ; retirez du feu, et versez dans un cuvier pour le bain.

N.º 3. — *Lotion de Tessier.*

Poudre pour bain de Tessier n.º 1. . . . . 1 kilog.
Eau ordinaire. . . . . 10 litres.

Mode de préparation. — Mettez la poudre dans une chaudière en fonte, avec les dix litres d'eau ; faites bouillir jusqu'à réduction au tiers ; remettez autant d'eau qu'il s'en est évaporé, ou six litres ; laissez bouillir huit à dix minutes ; retirez du feu ; versez dans un vase pour laver les parties malades.

PRÉPARATIONS CAUSTIQUES.

N.º 4. — *Poudre caustique modifiée sur la formule du frère Côme.*

Acide arsénieux. . . . . 10 gram.
Deuto-sulfure de mercure (cinabre vermillon). . . . . 60 gram.
Sang-dragon. 1 gram. 2 décig.

Mode de préparation. — Réduisez séparément ces trois substances en poudre très-fine ; réunissez, et faites un mélange intime par trituration.

Observation. — L'action caustique de cette poudre peut être augmentée en ajoutant une plus forte proportion d'acide arsénieux. Elle peut être diminuée en augmentant celle du sulfure de mercure et de sang-dragon. Délayée dans l'eau gommée, cette poudre sert à confectionner des bouillies ou des pâtes caustiques.

N.° 5. — *Pommade cathérétique*.

Acide arsénieux en poudre fine. . . . . 4 gram.
Sulfure rouge de mercure. . . . . 2 gram.
Axonge. . . . . 32 gram.

Mode de préparation. — Incorporez très-exactement dans un mortier de porcelaine, la poudre d'acide arsénieux et de sulfure rouge à l'axonge.

PRÉPARATION ARSÉNICALE DESTINÉE A L'USAGE INTERNE.

N.° 6. — *Liqueur de Fowler*.

Acide arsénieux . . . . 5 gram.
Carbonate de potasse. . . . . 5 gram.
Eau ordinaire. 500 gram.

Mode de préparation. — Réduisez l'acide arsénieux en poudre, ainsi que le carbonate de potasse ; faites bouillir dans un vase en verre, jusqu'à dissolution complète de l'acide arsénieux ; laissez refroidir, filtrez et conservez dans un flacon bien bouché.

Ajoutez à cette liqueur, au moment de la délivrer pour l'usage, le solutum suivant :

Poudre de racine de grande gentiane (gentiana lutea).   4 gram.
Eau ordinaire . . . . 250 gram.

Faites bouillir pendant vingt minutes la poudre de gentiane dans l'eau. Ajoutez ce solutum à la quantité de liqueur de Fowler formulée, afin de lui donner une saveur très-amère.

INSTRUCTION SUR LES MACHINES A VAPEUR.

Les *machines à vapeur* et les chaudières fermées, dans lesquelles on doit produire la vapeur, sont soumises à des formalités et à des mesures de sûreté particulières.

Celles à haute ou basse pression qui sont employées à demeure partout ailleurs que dans l'intérieur des mines, ne peuvent être établies qu'en vertu d'une autorisation délivrée par le préfet du département, conformément à ce qui est prescrit par le décret du 15 Octobre 1810, pour les établissements insalubres et incommodes de deuxième classe. (Ordonnance royale du 22 Mai 1843, art 4).

La demande en autorisation est adressée au préfet. Elle fait connaître :

1.º La pression, maximum de la vapeur, exprimée en atmosphères et en fractions décimales d'atmosphères, sous laquelle les machines à vapeur ou les chaudières à vapeur devront fonctionner;

2.º La force de ces machines exprimée en chevaux (le cheval-vapeur étant la force capable d'élever un poids de 75 kilogrammes à un mètre de hauteur, dans une seconde de temps);

3.º La forme des chaudières, leur capacité et celles de leurs tubes bouilleurs, exprimées en mètres cubes ;

4.º Le lieu et l'emplacement où elles devront être établies et la distance où elles se trouveront des bâtiments appartenant à des tiers et de la voie publique ;

5.º La nature du combustible que l'on emploiera ;

6.º Enfin, le genre d'industrie auquel les machines ou les chaudières devront servir.

Un plan des localités et le dessin géométrique de la chaudière seront joints à la demande (*Ibid.* art. 5.).

Cette demande et les pièces à l'appui sont renvoyées au maire de la commune par l'intermédiaire du sous-préfet. (*Ibid.* art. 6).

Le maire procède immédiatement à une enquête de *commodo* et *incommodo* qui doit durer dix jours. Cinq jours après qu'elle est terminée, il en adresse le procès-verbal, avec son avis, au sous-préfet, lequel, dans un semblable délai, les transmet au préfet, en y joignant également son avis. (*Ibid.* art. 7 et 8).

Dans le délai de quinze jours, le préfet, après avoir pris l'avis de l'ingénieur des mines, ou, à son défaut, de l'ingénieur des ponts-et-chaussées, statue sur la demande en autorisation. L'arrêté qu'il prend à cet effet indique :

1° Le nom du propriétaire ;

2• La pression, maximum de la vapeur, exprimée en nombre d'atmosphères, sous laquelle la machine ou la chaudière devra fonctionner, et les numéros des timbres dont la machine et la chaudière auront été frappés, ainsi qu'il est dit plus bas ;

3.º La force de la machine, exprimée en chevaux ;

4.º La forme et la capacité de la chaudière ;

5.º Le diamètre des soupapes de sûreté, la charge de ces soupapes.

6.º La nature du combustible dont il sera fait usage ;

7.º Le genre d'industrie auquel servira la machine ou la chaudière à vapeur. (*Ibid.* art. 9 et 10).

Le recours au Conseil d'Etat est ouvert contre le refus d'autorisation ; il est ouvert au Conseil de préfecture, sauf appel au Conseil d'Etat, contre la décision du préfet qui aurait accordé l'autorisation. Les réclamations contre la décision du préfet, en ce qui concerne les conditions de sûreté, doivent être adressées au Ministre des Travaux publics. (*Ibid*. art. 11).

L'arrêté du préfet est affiché pendant un mois à la mairie de la commune où se trouve l'établissement autorisé et déposé aux archives de ladite commune pour être donné en communication à toute partie intéressée. (*Ibid*. art. 13).

Aucune machine ou chaudière à vapeur ne peut être livrée par un fabricant, si elle n'a subi une épreuve à l'aide d'une pompe de pression. Cette opération est faite à la fabrique, sur la déclaration du fabricant, et d'après les ordres du préfet, par les Ingénieurs des mines, ou, à leur défaut, par les Ingénieurs des ponts-et-chaussées. (*Ibid*. art. 2 et 14).

Les chaudières ou machines à vapeur, venant de l'étranger, doivent être pourvues des mêmes appareils de sûreté que celles d'origine française, et subir les mêmes épreuves. Ces épreuves sont effectuées au lieu désigné par le destinataire dans la déclaration qu'il doit faire à l'importation. (*Ibid*., art. 3).

La pression d'épreuve est un multiple de la *pression effective*, ou autrement de la plus grande tension que la vapeur peut avoir dans les chaudières et autres pièces contenant la vapeur, diminuée de la pression extérieure de l'atmosphère.

On procède aux épreuves en chargeant les soupapes des chaudières de poids proportionnels à la pression effective et déterminés suivant la règle indiquée en l'art. 24. A l'égard des autres pièces, la charge d'épreuve sera appliquée sur la soupape de la pompe de pression. (*Ibid*. art. 15).

Pour les chaudières, tubes bouilleurs et réservoirs en tôle ou en cuivre laminé, la pression d'épreuve est *triple* de la pression effective. Elle est *quintuple* pour les chaudières et tubes bouilleurs en fonte. (*Ibid*. art. 16).

Les cylindres en fonte des machines à vapeur et les enveloppes en fonte de ces cylindres, sont éprouvés sous une pression *triple* de la pression effective (*Ibid*., art. 17.).

Après qu'il est constaté que les parois des chaudières en tôle ou en cuivre laminé ont les épaisseurs voulues, et après que les chaudières, les tubes bouilleurs, les réservoirs de vapeur, les cylindres en fonte et les enveloppes en fonte de ces cylindres ont été éprouvés, il y est appliqué des timbres indiquant, en nombre d'atmosphères, le degré de tension intérieure que la vapeur ne devra pas dépasser. Ces timbres doivent être placés de manière à être toujours apparents, après la mise en place des chaudières et cylindres. (*Ibid*. art. 19).

Les chaudières qui ont des faces planes, sont dispensées de l'épreuve, mais sous la condition que la force élastique ou la tension de la vapeur ne s'élèvera pas dans l'intérieur de ces chaudières, à plus d'*une atmosphère et demie*. *Ibid.* art. 20).

L'épreuve doit être recommencée sur l'établissement dans lequel les machines ou chaudières sont destinées à être employées, 1.º si le propriétaire de l'établissement le réclame ; 2.º s'il y a eu pendant le transport ou lors de la mise en place, des avaries notables ; 3.º si des modifications ou réparations quelconques ont été faites depuis l'épreuve opérée à la fabrique. (*Ibid.* art. 21).

Il est adapté à la partie supérieure de chaque chaudière deux soupapes de sûreté, une vers chaque extrémité de la chaudière. (*Ibid.* art. 22.).

Chaque soupape est chargée d'un poids unique agissant, soit directement, soit par l'intermédiaire d'un levier.

Chaque poids reçoit l'empreinte d'un poinçon. Dans le cas où il est fait usage de leviers, ils doivent être également poinçonnés. La quotité des poids et la longueur des leviers sont fixés par l'arrêté d'autorisation. (*Ibid.* art. 23).

La charge maximum de chaque soupape de sûreté est déterminée en multipliant 1 kilog. 033, par le nombre d'atmosphères, mesurant la pression effective, et par le nombre de centimètres carrés, mesurant l'orifice de la soupape.

La largeur de la surface annulaire de recouvrement ne doit pas dépasser la trentième partie de la surface circulaire exposée directement à la pression de la vapeur, et cette largeur, dans aucun cas, ne doit excéder deux millimètres. (*Ibid.* art. 24).

Toute chaudière doit être munie d'un manomètre à mercure, gradué en atmosphères et en fractions décimales d'atmosphère, de manière à faire connaître immédiatement la tension de la vapeur dans la chaudière, et placé en vue du chauffeur.

Le tuyau qui amènera la vapeur au manomètre sera adapté directement sur la chaudière et non sur le tuyau de prise de vapeur ou sur tout autre tuyau, dans lequel la vapeur serait en mouvement. (*Ibid.* art. 25).

On doit faire usage du manomètre à air libre, c'est-à-dire ouvert à sa partie supérieure, toutes les fois que la pression effective de la vapeur ne dépasse pas quatre atmosphères. On doit l'employer toujours, quelle que soit la pression effective de la vapeur, pour les chaudières mentionnées à l'art. 43, ci-après. (*Ibid.* art. 26).

L'échelle de chaque manomètre doit porter, d'une manière apparente, une ligne répondant au numéro de cette échelle que le mercure ne devra pas dépasser. (*Ibid.* art. 27).

Toute chaudière sera munie d'une pompe d'alimentation, bien construite et en bon état d'entretien, ou de tout autre appareil alimentaire d'un effet certain. (*Ibid.* art. 28).

Le niveau que l'eau doit avoir habituellement dans chaque chaudière est indiqué, à l'extérieur, par une ligne tracée d'une manière très-apparente sur le corps de la chaudière ou sur le parement du fourneau. Cette ligne doit être d'un décimètre au moins au-dessus de la partie la plus élevée des carneaux, tubes ou conduits de la flamme et de la fumée dans le fourneau. (*Ibid*. art. 29).

Chaque chaudière doit être pourvue d'un *flotteur d'alarme*, c'est-à-dire qui détermine l'ouverture d'une issue par laquelle la vapeur s'échappe de la chaudière avec un bruit suffisant pour avertir toutes les fois que le niveau de l'eau dans la chaudière vient à s'abaisser de cinq centimètres au-dessous de la ligne d'eau précitée. (*Ibid*. art. 30).

La chaudière est, en outre, munie de l'un des trois appareils suivants : 1.º Un flotteur ordinaire d'une mobilité suffisante ; 2.º un tube indicateur en verre ; 3º des robinets indicateurs convenablement placés à des niveaux différents. Ces appareils indicateurs doivent être, dans tous les cas, disposés de manière à être en vue du chauffeur (*Ibid*. art. 31).

Si plusieurs chaudières sont destinées à fonctionner ensemble, elles doivent être disposées de manière à pouvoir, au besoin, être rendues indépendantes les unes des autres. En conséquence, chacune d'elles sera alimentée séparément et munie de tous les appareils de sûreté prescrits. (*Ibid*. art. 32).

Les conditions à remplir pour l'emplacement des chaudières à vapeur dépendent de la capacité de ces chaudières, y compris les tubes bouilleurs, et de la tension de la vapeur. A cet effet, les chaudières sont réparties en quatre catégories.

On exprimera en mètres cubes la capacité de la chaudière avec ses tubes bouilleurs, et en atmosphères la tension de la vapeur, et on multipliera les deux nombres l'un par l'autre.

Les chaudières seront dans la première catégorie quand ce produit sera plus grand que 15 ;

Dans la deuxième, si ce même produit surpasse 7 et n'excède pas 15 ;

Dans la troisième, s'il est supérieur à 3 et s'il n'excède pas 7 ;

Dans la quatrième, s'il n'excède pas 3 ;

Si plusieurs chaudières doivent fonctionner ensemble dans un même emplacement, et s'il existe entr'elles une communication quelconque, directe ou indirecte, on prendra, pour former le produit comme il vient d'être dit, la somme des capacités de ces chaudières, y compris celle de leurs tubes bouilleurs. (*Ibid*. art. 33).

Les chaudières à vapeur comprises dans la première catégorie doivent être établies en dehors de toute habitation (*Ibid* art. 34).

Toutes les fois qu'il y aura moins de 10 mètres de distance dans une chaudière de la première catégorie et les maisons d'habitation ou la voie publique, il sera construit, en bonne et solide maçonnerie, un mur de défense d'un mètre d'épaisseur. Les autres dimensions seront déterminées comme il sera dit ci-après.

Ce mur de défense sera, dans tous les cas, distinct du massif de maçonnerie des fourneaux, et en sera séparé par un espace libre de 50 centimètres de largeur, au moins. Il devra également être séparé des murs mitoyens avec les maisons voisines.

Si la chaudière est enfoncée dans le sol et établie de manière que sa partie supérieure soit d'un mètre au moins en contre-bas du sol, le mur de défense n'est exigible que lorsqu'elle se trouve à moins de cinq mètres des maisons habitées ou de la voie publique. (*Ibid.* art. 36).

Lorsqu'une chaudière de la première catégorie est établie dans un local fermé, ce local ne doit point être voûté, mais il doit être couvert d'une toiture légère n'ayant aucune liaison avec les toits des ateliers ou autres bâtiments contigus et reposer sur une charpente particulière. (*Ibid.* art. 37).

Les chaudières à vapeur, comprises dans la deuxième catégorie, peuvent être placées dans l'intérieur d'un atelier, si toutefois cet atelier ne fait pas partie d'une maison d'habitation ou d'une fabrique à plusieurs étages. (*Ibid.* art. 38).

Si les chaudières de cette catégorie sont à moins de 5 mètres de distance, soit des maisons d'habitation, soit de la voie publique, il doit être construit, de ce côté, un mur de défense tel qu'il est prescrit à l'art. 36 précité. (*Ibid.* art. 39,).

Si, après l'autorisation donnée par le préfet, pour l'établissement de chaudières de première et seconde catégories, les propriétaires des terrains contigus non bâtis y font élever des constructions dans les distances énoncées aux art. 36 et 39, ou si ces terrains viennent à être consacrés à la voie publique, la construction de murs de défense tels qu'ils sont prescrits ci-dessus, peut, sur la demande des propriétaires desdits terrains, être imposée au propriétaire de la chaudière, par arrêté du préfet, sauf recours au Ministre des Travaux publics. (*Ibid.* art. 40).

L'autorisation donnée par le préfet, pour les chaudières de la première et de la deuxième catégories, fixe l'emplacement de la chaudière et la distance à laquelle cette chaudière devra être placée par rapport aux habitations appartenant à des tiers et à la voie publique, la direction de l'axe de la chaudière, s'il y a lieu, et la situation ainsi que les dimensions du mur de défense d'un mètre, lorsqu'il est nécessaire de l'établir. (*Ibid.* art. 41).

Les chaudières de la troisième catégorie peuvent aussi être placées dans l'intérieur d'un atelier ne faisant pas partie d'une maison d'habitation, mais sans qu'il y ait lieu d'exiger le mur de défense. (*Ibid.* art. 42).

Les chaudières de la quatrième catégorie peuvent être placées dans un attelier faisant partie d'une maison d'habitation ; mais dans ce cas, elles doivent être munies d'un manomètre à air libre. (*Ibid.* art. 43).

Les fourneaux des chaudières à vapeur comprises dans la troisième et dans la quatrième catégories doivent être entièrement séparés par un espace vide de cinquante centimètres au moins des maisons d'habitation appartenant à des tiers (*Ibid.* art. 44).

Lorsque les chaudières établies dans l'intérieur d'un atelier ou d'une maison d'habitation sont couvertes, sur le dôme et sur les flancs, d'une enveloppe destinée à prévenir les déperditions de chaleur, cette enveloppe est construite en matériaux légers, et si, elle est en briques, son épaisseur ne dépassera pas un décimètre. (*Ibid.*, art. 45).

Les machines à vapeur placées dans l'intérieur des mines sont assimilées aux machines fixes, doivent avoir comme telles des appareils de sûreté, subir des épreuves, et être préalablement autorisées par un arrêté du préfet qui déterminera les conditions relatives à l'emplacement, à la disposition et au service habituel auquel elles sont destinées. (*Ibid.* art. 46).

Les machines à vapeur *locomobiles* sont celles qui peuvent être transportées facilement d'un lieu à un autre, sans exiger aucune construction pour fonctionner à chaque station. (*Ibid.* art. 47).

Elles sont soumises aux épreuves et conditions de sûreté prescrites aux art. 14 à 45 précités. Toutefois, les chaudières construites suivant un système tubulaire peuvent être éprouvées sous une pression *double* seulement de la pression effective ; on peut, quelque soit la tension de la vapeur dans la chaudière, remplacer le manomètre à air libre par un manomètre à air comprimé, ou même par un thermomanomètre, c'est-à-dire par un thermomètre gradué en atmosphères et parties décimales d'atmosphère ; les indications de ces instruments doivent être facilement lisibles et placées en vue du chauffeur ; un tube en verre, convenablement placé, peut être adopté aux chaudières à la place du flotteur d'alarme. (*Ibid.* art. 48).

Toute locomobile doit recevoir, indépendamment des timbres relatifs aux conditions de sûreté, une plaque portant le nom du propriétaire ; elle ne peut fonctionner à moins de cent mètres de distance de tout bâtiment, sans autorisation spéciale du maire de la commune, et le préfet peut en suspendre et même en interdire l'usage lorsqu'elle présente des dangers (*Ibid.* art. 49, 50 et 51).

Les machines à vapeur *locomotives* sont celles qui, en se déplaçant par leur propre force, servent au transport des voyageurs, des marchandises ou des matériaux (*Ibid.* art. 52).

Les dispositions de l'art. 48 ci-dessus leur sont applicables. Cependant leurs soupapes de sûreté peuvent être chargées au moyen de ressorts disposés de manière à faire connaitre, en kilogrammes et en fractions décimales de kilogrammes, la pression qu'ils exercent sur les soupapes. (*Ibid.* art. 53 et 54).

Le préfet du département du point de départ de la locomotive délivre le *permis de circulation*. La demande de ce permis doit contenir les indications comprises sous les n°ˢ 1 à 3 de l'art. 5 mentionné ci-avant, et faire connaître le nom donné à la locomotive qu'il concerne, ainsi que le service auquel elle est destinée.

Le nom de la locomotive doit être gravé sur une plaque fixée à la chaudière. (*Ibid.* art. 55 et 56).

Le préfet peut suspendre ou interdire l'usage d'une locomotive lorsqu'elle ne satisfait pas aux conditions de sûreté prescrites et lorsqu'elle n'est pas entretenue en bon état de service (*Ibid.* art. 59).

Les conditions auxquelles sera assujettie la circulation des locomotives et des convois, en tout ce qui peut concerner la sûreté publique , sont déterminées par arrêtés du Préfet du lieu de départ , après avoir entendu les entrepreneurs et en ayant égard , tant aux cahiers des charges de l'entreprise , qu'aux dispositions des règlements d'administration publique concernant les chemins de fer. (*Ibid.* art. 60).

Idépendamment de la surveillance habituelle des autorités chargées de la police locale, sur les établissements pourvus de machines ou de chaudières à vapeur, les machines et chaudières à vapeur sont placées sous la surveillance des ingénieurs des mines, et à leur défaut, sous celle des ingénieurs des ponts-et-chaussées, lesquels, à cet égard, sont placés sous l'autorité des préfets (*Ibid.* art. 61 , 62 , 63 , 64 et 66).

Lorsque par suite de demandes en autorisation , lesdits ingénieurs font par ordre du préfet , des actes de leur ministère de la nature de ceux qui donnent droit aux allocations établies par l'art. 89 du décret du 18 Novembre 1810 et par l'art. 75 du décret du 7 Fructidor an XII, ces allocations sont fixées et recouvrées dans les formes déterminées par lesdits décrets. (*Ibid.* art. 65).

Les préfets peuvent, selon que les circonstances l'exigent, apporter, sous l'approbation du Ministre des Travaux publics, des modifications aux mesures de sûreté prescrites ci-dessus. (*Ibid.* art. 67).

Lorsqu'une chaudière à vapeur est alimentée par des eaux qui ont la propriété d'attaquer d'une manière notable le métal de cette chaudière , la tension intérieure de la vapeur ne doit pas dépasser une atmosphère et demie , et la charge des soupapes est réglée en conséquence.

Néanmoins, l'usage des chaudières contenant la vapeur sous une tension plus élevée peut être autorisé, lorsque la propriété corrosive des eaux d'alimentation est détruite , soit pour une distillation préalable, soit par l'addition de substances neutralisantes , ou par tout autre moyen reconnu efficace.

Les machines à vapeur préexistantes alimentées par des eaux corrosives et à l'égard desquelles on ne se serait pas conformé , le 22

Mai 1843, **aux** prescriptions ci-dessus doivent être interdites, si elles n'ont pas été autorisées depuis. (*Ibid.*, art. 68).

Les propriétaires et chefs d'établissements veilleront : 1° à ce que les machines et chaudières à vapeur et tout ce qui en dépend soient entretenus constamment en bon état de service ;

2.° A ce qu'il y ait toujours, près des machines et chaudières, des manomètres de rechange, ainsi que des tubes indicateurs de rechange, lorsque ces tubes seront au nombre des appareils employés pour indiquer le niveau de l'eau dans les chaudières ;

3.° A ce que lesdites machines et chaudières soient chauffées, manœuvrées et surveillées suivant les règles de l'art.

Ils sont d'ailleurs responsables des accidents et dommages résultant de la négligence ou de l'incapacité de leurs agents. (*Ibid.* art. 69, — Code civil, art. 1384).

Il est défendu de faire fonctionner les machines et les chaudières à vapeur à une pression supérieure au degré déterminé dans les actes d'autorisation, et auquel correspondent les timbres dont ces machines et chaudières sont frappées. (*Ibid.* art. 70).

En cas de changements ou de réparations notables qui seraient faits aux chaudières ou aux autres pièces passibles des épreuves, le propriétaire doit en donner avis au préfet, afin qu'il ordonne, s'il y a lieu, de nouvelles épreuves, ainsi qu'il est dit aux art. 63 et 64. (*Ibid.* art. 71).

Dans tous les cas d'épreuves, les appareils et la main-d'œuvre sont fournis par les propriétaires des machines et chaudières. (*Ibid.* art. 72).

Les propriétaires de machines ou chaudières à vapeur autorisées, sont tenus d'adapter auxdites machines et chaudières les appareils de sûreté qui pourraient être découverts par la suite, et qui seraient prescrits par des règlements d'administration publique. (*Ibid.* art. 73).

En cas de contravention, les permissionnaires peuvent encourir l'interdiction de leurs machines ou chaudières, sans préjudice des peines, dommages et intérêts qui seraient prononcés par les tribunaux. Cette interdiction est prononcée par arrêtés des préfets, sauf recours devant le Ministre des Travaux publics. Ce recours n'est pas suspensif. (*Ibid.* art. 75).

En cas d'accident, l'autorité chargée de la police locale se transporte, sans délai, sur les lieux, et le procès-verbal de sa visite est transmis au préfet, et, s'il y a lieu, au Procureur du Roi.

L'Ingénieur des mines, ou à son défaut, l'Ingénieur des ponts-et-chaussées, se rend aussi sur les lieux immédiatement, pour visiter les appareils à vapeur, en constater l'état et rechercher la cause de l'accident. Il adresse, sur le tout, un rapport au préfet.

, En cas d'explosion, les propriétaires d'appareils à vapeur ou leurs représentants, ne doivent ni réparer les constructions, ni déplacer ou dénaturer les fragments de la chaudière ou machine rompue, avant la visite et la clôture du procès-verbal de l'Ingénieur. (*Ibid.* art. 75).

Les propriétaires d'établissements autorisés antérieurement au 22 Mai 1843, ont eu un délai d'un an, à dater de la publication de l'ordonnance dudit jour, pour se conformer aux prescriptions des articles 22 à 32 inclusivement.

Quant aux dispositions relatives à l'emplacement des chaudières, énoncées dans les art. 33 à 45 inclusivement, les propriétaires des établissements préexistants qui auraient accompli toutes les obligations prescrites par les ordonnances des 29 Octobre 1823, 7 Mai 1828, 23 Septembre 1829 et 25 Mars 1830, ont été provisoirement dispensés de s'y conformer; néanmoins, si ces établissements sont une cause de danger, le préfet, sur le rapport de l'Ingénieur des mines, ou, à son défaut, de l'Ingénieur des ponts-et-chaussées, et après avoir entendu le propriétaire de l'établissement, peut ordonner la mise à exécution de tout ou partie des mesures prescrites, dans un délai dont le terme est fixé suivant l'exigence des cas. (*Ibid.* art. 76).

L'instruction du Ministre des Travaux publics, en date du 22 Juillet 1843, sur les mesures de précaution habituelles à observer dans l'emploi des machines et des chaudières à vapeur, doit être affichée à demeure dans l'enceinte des ateliers. (*Ibid.* art. 77).

L'établissement et la surveillance des machines et appareils à vapeur qui dépendent des services spéciaux de l'Etat sont régis par des dispositions particulières, sauf les conditions qui peuvent intéresser les tiers, relativement à la sûreté et à l'incommodité, et en se conformant aux prescriptions du décret du 15 Octobre 1810. (*Ibid.* art. 78).

Les attributions données par les dispositions qui précèdent aux préfets des départements, sont exercées par le préfet de police dans toute l'étendue du département de la Seine et dans les communes de Saint-Cloud, Meudon et Sèvres, du département de Seine-et-Oise. (*Ibid.* art. 79).

OUVRIERS.

CONTRATS D'APPRENTISSAGE.

Loi des 22 Janvier, 2 et 22 Février 1851.

TITRE I.ᵉʳ — DU CONTRAT D'APPRENTISSAGE.

SECTION 1.ʳᵉ — *De la nature et de la forme du contrat.*

ARTICLE PREMIER.

Le contrat d'apprentissage est celui par lequel un fabricant, un chef d'atelier ou un ouvrier s'oblige à enseigner la pratique de sa profession à une autre personne qui s'oblige, en retour, à travailler pour lui, le tout à des conditions et pendant un temps convenus.

ART. 2.

Le contrat d'apprentissage est fait par acte public ou par acte sous-seing privé.

Il peut aussi être fait verbalement ; mais la preuve testimoniale n'en est reçue que conformément au titre du Code civil : *Des contrats ou des obligations conventionnelles en général.*

Les notaires, les secrétaires des Conseils de Prud'hommes et les greffiers-de-justice de paix peuvent recevoir l'acte d'apprentissage.

Cet acte est soumis pour l'enregistrement au droit fixe de 1 fr., lors même qu'il contiendrait des obligations de sommes ou valeurs mobilières, ou des quittances.

Les honoraires dus aux officiers publics sont fixés à 2 fr.

ART. 3.

L'acte d'apprentissage contiendra :

1.º Les nom, prénoms, âge, profession et domicile du maître ;
2.º Les nom, prénoms, âge et domicile de l'apprenti ;
3.º Les noms, prénoms, professions et domicile de ses père et mère, de son tuteur, ou de la personne autorisée par les parents, et, à leur défaut, par le juge-de-paix ;
4.º La date et la durée du contrat ;

5.º Les conditions de logement, de nourriture, de prix, et toutes autres arrêtées entre les parties.

Il devra être signé par le maître et par les représentants de l'apprenti.

SECTION II. — *Des conditions du contrat.*

Art. 4.

Nul ne peut recevoir des apprentis mineurs, s'il n'est âgé de vingt-et-un ans, au moins.

Art. 5.

Aucun maître, s'il est célibataire ou en état de veuvage, ne peut loger comme apprenties de jeunes filles mineures.

Art. 6.

Sont incapables de recevoir les apprentis :
Les individus qui ont subi une condamnation pour crime ;
Ceux qui ont été condamnés à plus de trois mois d'emprisonnement pour les délits prévus par les articles 388, 401, 405, 406, 407, 408, 423 du Code pénal.

Art. 7.

L'incapacité résultant de l'art. 6 pourra être levée par le préfet, sur l'avis du maire, quand le condamné, après l'expiration de sa peine, aura résidé pendant trois ans dans la même commune.

A Paris, les incapacités seront levées par le préfet de police.

SECTION III. — *Devoirs des maîtres et des apprentis.*

Art. 8.

Le maître doit se conduire envers l'apprenti en bon père de famille, surveiller sa conduite et ses mœurs, soit dans la maison, soit au dehors, et avertir ses parents ou leurs représentants des fautes graves qu'il pourrait commettre ou des penchants vicieux qu'il pourrait manifester.

Il doit aussi les prévenir sans retard, en cas de maladie, d'absence ou de tout fait de nature à motiver leur intervention.

Il n'emploira l'apprenti, sauf conventions contraires, qu'aux travaux et services qui se rattachent à l'exercice de sa profession. Il ne l'emploira jamais à ceux qui seraient insalubres ou au-dessus de ses forces.

Art. 9.

La durée du travail effectif des apprentis âgés de moins de quatorze ans ne pourra dépasser dix heures par jour.

Pour les apprentis âgés de quatorze à seize ans, elle ne pourra dépasser douze heures.

Aucun travail de nuit ne peut être imposé aux apprentis âgés de moins de seize ans.

Est considéré comme travail de nuit tout travail fait entre neuf heures du soir et cinq heures du matin.

Les dimanches et jours de fêtes reconnues ou légales, les apprentis, dans aucun cas, ne peuvent être tenus vis-à-vis de leur maître à aucun travail de leur profession.

Dans le cas où l'apprenti serait obligé, par suite des conventions ou conformément à l'usage, de ranger l'atelier aux jours ci-dessus marqués, ce travail ne pourra se prolonger au-delà de dix heures du matin.

Il ne pourra être dérogé aux dispositions contenues dans les trois premiers paragraphes du présent article que par un arrêté rendu par le préfet, sur l'avis du maire.

Art. 10.

Si l'apprenti, âgé de moins de seize ans, ne sait pas lire, écrire et compter, ou s'il n'a pas encore terminé sa première éducation religieuse, le maître est tenu de lui laisser prendre, sur la journée du travail, le temps et la liberté nécessaires pour son instruction.

Néanmoins, ce temps ne pourra pas excéder deux heures par jour.

Art. 11.

L'apprenti doit à son maître, fidélité, obéissance et respect; il doit l'aider, par son travail, dans la mesure de son aptitude et de ses forces.

Il est tenu de remplacer, à la fin de l'apprentissage, le temps qu'il n'a pu employer par suite de maladie ou d'absence ayant duré plus de quinze jours.

Art. 12.

Le maître doit enseigner à l'apprenti, progressivement et complètement, l'art, le métier ou la profession spéciale qui fait l'objet du contrat.

Il lui délivrera, à la fin de l'apprentissage, un congé d'acquit, ou certificat constatant l'exécution du contrat.

Art. 13.

Tout fabricant, chef d'atelier ou ouvrier, convaincu d'avoir détourné un apprenti de chez son maître, pour l'employer en qualité d'apprenti ou d'ouvrier, pourra être passible de tout ou partie de l'indemnité à prononcer au profit du maître abandonné.

SECTION IV. — *De la résolution du contrat.*

Art. 14.

Les deux premiers mois de l'apprentissage sont considérés comme un temps d'essai pendant lequel le contrat peut être annulé par la seule volonté de l'une des parties. Dans ce cas, aucune indemnité ne sera allouée à l'une ou à l'autre partie, à moins de conventions expresses.

Art. 15.

Le contrat d'apprentissage sera résolu de plein droit :
1.º Par la mort du maître ou de l'apprenti ;
2.º Si l'apprenti ou le maître est appelé au service militaire ;
3.º Si le maître ou l'apprenti vient à être frappé d'une des condamnations prévues en l'art. 6 de la présente loi ;
4.º Pour les filles mineures, dans le cas de décès de l'épouse du maître, ou de toute autre femme de la famille qui dirigeait la maison à l'époque du contrat.

Art. 16.

Le contrat peut être résolu sur la demande des parties ou de l'une d'elles :
1.º Dans le cas où l'une des parties manquerait aux stipulations du contrat ;
2.º Pour cause d'infraction grave ou habituelle aux prescriptions de la présente loi ;
3.º Dans le cas d'inconduite habituelle de la part de l'apprenti ;
4.º Si le maître transporte sa résidence dans une autre commune que celle qu'il habitait lors de la convention.

Néanmoins, la demande en résolution de contrat fondée sur ce motif ne sera recevable que pendant trois mois, à compter du jour où le maître aura changé de résidence.

5.º Si le maître ou l'apprenti encourait une condamnation emportant un emprisonnement de plus d'un mois ;
6.º Dans le cas où l'apprenti viendrait à contracter mariage.

Art. 17.

Si le temps convenu pour la durée de l'apprentissage dépasse le maximum de la durée consacrée par les usages locaux, ce temps peut être réduit ou le contrat résolu.

TITRE II. — DE LA COMPÉTENCE.

Art. 18.

Toute demande à fin d'exécution ou de résolution de contrat sera jugée par le Conseil des Prud'hommes dont le maître est justiciable, et, à défaut, par le juge-de-paix du canton.

Les réclamations qui pourraient être dirigées contre les tiers, en vertu de l'art. 15 de la présente loi, seront portées devant le Conseil des Prud'hommes ou devant le Juge-de-paix du lieu de leur domicile.

Art. 19.

Dans les divers cas de résolution prévus en la Section IV du Titre I.er, les indemnités ou les restitutions qui pourraient être dues à l'une ou à l'autre des parties seront, à défaut de stipulations expresses, réglées par le Conseil des Prud'hommes, ou par le Juge-de-paix dans les cantons qui ne ressortissent point à la juridiction d'un Conseil de Prud'hommes.

Art. 20.

Toute contravention aux art. 4, 5, 6, 9 et 10 de la présente loi sera poursuivie devant les tribunaux de police, et punie d'une amende de 5 à 15 fr. Pour les contraventions aux articles 4, 5, 9 et 10, le Tribunal de police pourra, dans le cas de récidive, prononcer, outre l'amende, un emprisonnement d'un à cinq jours.

En cas de récidive, la contravention à l'art. 6 sera poursuivie devant les tribunaux correctionnels, et punie d'un emprisonnement de quinze jours à trois mois, sans préjudice d'une amende qui pourra s'élever de 50 à 300 fr.

Art. 21.

Les dispositions de l'art. 463 du Code pénal sont applicables aux faits prévus par la présente loi.

Art. 22.

Sont abrogés les art. 9, 10 et 11 de la loi du 22 Germinal an XI.

LIVRETS.

Extrait de l'Arrêté du Gouvernement, du 9 Frimaire an XII.

Art. 7.

L'ouvrier qui aura reçu des avances sur son salaire, ou contracté l'engagement de travailler un certain temps, ne pourra exiger la remise de son livret et la délivrance de son congé, qu'après avoir acquitté sa dette par son travail et rempli ses engagements, si son maître l'exige.

7

Art. 8.

S'il arrive que l'ouvrier soit obligé de se retirer parce qu'on lui refuse du travail ou son salaire, son livret et son congé lui seront remis, encore qu'il n'ait pas remboursé les avances qui lui ont été faites ; seulement, le créancier aura le droit de mentionner la dette sur le livret.

Art. 9.

Dans le cas de l'article précédent, ceux qui emploieront ultérieurement l'ouvrier, feront, jusqu'à entière libération, sur le produit de son travail, une retenue au profit du créancier.

Cette retenue ne pourra, en aucun cas, excéder les deux dixièmes du salaire journalier de l'ouvrier ; lorsque la dette sera acquittée, il en sera fait mention sur le livret.

Celui qui aura exercé la retenue, sera tenu d'en prévenir le maître, au profit duquel elle aura été faite, et d'en tenir le montant à sa disposition.

Loi du 8 Juin 1854.

Art. 1er. Les ouvriers de l'un et l'autre sexe attachés aux manufactures, fabriques, usines, mines, minières, carrières, chantiers, ateliers et autres établissements industriels, ou travaillant chez eux pour un ou plusieurs patrons, sont tenus de se munir d'un livret.

Art. 2. Les livrets sont délivrés par les maires.

Ils sont délivrés par le préfet de police à Paris et dans le ressort de sa préfecture, par le préfet du Rhône à Lyon et dans les autres communes dans lesquelles il remplit les fonctions qui lui sont attribuées par la loi du 19 Juin 1851.

Il n'est perçu, pour la délivrance des livrets, que le prix de confection. Ce prix ne peut dépasser 25 c.

Art. 3. Les chefs ou directeurs des établissements spécifiés en l'article 1er ne peuvent employer un ouvrier soumis à l'obligation prescrite par cet article, s'il n'est porteur d'un livret en règle.

Art. 4. Si l'ouvrier est attaché à l'établissement, le chef ou directeur doit, au moment où il le reçoit, inscrire sur son livret la date de son entrée.

Il transcrit sur un registre non timbré, qu'il doit tenir à cet effet, les nom et prénoms de l'ouvrier, le nom et le domicile du chef de l'établissement qui l'aura employé précédemment, et le montant des avances dont l'ouvrier serait resté débiteur envers celui-ci.

Il inscrit sur le livret, à la sortie de l'ouvrier, la date de la sortie et l'acquit des engagements.

Il y ajoute, s'il y a lieu, le montant des avances dont l'ouvrier resterait débiteur envers lui, dans les limites fixées par la loi du 14 Mai 1851 (1).

Art. 5. Si l'ouvrier travaille habituellement pour plusieurs patrons, chaque patron inscrit sur le livret le jour où il lui confie de l'ouvrage, et transcrit sur le registre mentionné en l'article précédent, les nom et prénoms de l'ouvrier et son domicile.

Lorsqu'il cesse d'employer l'ouvrier, il inscrit sur le livret l'acquit des engagements, sans aucune autre énonciation.

Art. 6. Le livret, après avoir reçu les mentions prescrites par les deux articles qui précèdent, est remis à l'ouvrier et reste entre ses mains.

Art. 7. Lorsque le chef ou directeur d'établissement ne peut remplir l'obligation déterminée au troisième paragraphe de l'article 4 et au deuxième paragraphe de l'article 5, le maire ou le commissaire de police, après avoir constaté la cause de l'empêchement, inscrit, sans frais, le congé d'acquit.

Art. 8. Dans tous les cas, il n'est fait sur le livret aucun annotation favorable ou défavorable à l'ouvrier.

Art. 9. Le livret, visé gratuitement par le maire de la commune où travaille l'ouvrier, à Paris et dans le ressort de la préfecture de police, par le préfet de police, à Lyon et dans les communes spécifiées dans la loi du 19 Juin 1851, par le préfet du Rhône, tient lieu de passe-port à l'intérieur, sous les conditions déterminées par les réglements administratifs.

Art. 10. Des réglements d'administration publique déterminent tout ce qui concerne la forme, la délivrance, la tenue et le renouvellement des livrets.

Ils règlent la forme du registre prescrit par l'article 4 et les indications qu'il doit contenir.

Art. 11. Les contraventions aux articles 1, 3, 4, 5 et 8 de la présente loi sont poursuivies devant le tribunal de simple police, et punies d'une amende de 1 fr. à 15 fr., sans préjudice des dommages-intérêts, s'il y a lieu.

---

(1) Voyez page 98.

Il peut de plus, être prononcé, suivant les circonstances, un emprisonnement d'un à cinq jours.

Art. 12. Tout individu coupable d'avoir fabriqué un faux livret ou falsifié un livret originairement véritable, ou fait sciemment usage d'un livret faux ou falsifié, est puni des peines portées en l'article 153 du Code pénal.

Art. 13. Tout ouvrier coupable de s'être fait délivrer un livret soit sous un faux nom, soit au moyen de fausses déclarations ou de faux certificats, ou d'avoir fait usage d'un livret qui ne lui appartient pas, est puni d'un emprisonnement de trois mois à un an.

Art. 14. L'art. 463 du Code pénal peut être appliqué dans tous les cas prévus par les art. 12 et 13 de la présente loi.

Art. 15. Aucun ouvrier soumis à l'obligation du livret ne sera inscrit sur les listes électorales pour la formation des conseils de prud'hommes s'il n'est pourvu d'un livret.

16. La présente loi aura son effet à partir du 1er Janvier 1855. Il n'est pas dérogé par ses dispositions à l'art. 12 du décret du 26 Mars 1852, relatif aux sociétés de secours mutuels.

SALAIRES.

Loi du 14 Mai 1851.

ARTICLE PREMIER.

Les articles 7, 8 et 9 de l'arrêté du 9 Frimaire an XII sont modifiés ainsi qu'il suit :

ART. II.

L'ouvrier qui a terminé et livré l'ouvrage qu'il s'était engagé à faire pour le patron, qui a travaillé pour lui pendant le temps réglé soit par le contrat de louage, soit par l'usage des lieux, ou à qui le patron refuse de l'ouvrage ou son salaire, a le droit d'exiger la remise de son livret et la délivrance de son congé, lors même qu'il n'a pas acquitté les avances qu'il a reçues.

ART. III.

De son côté, le patron qui exécute les conventions arrêtées entre lui et l'ouvrier, a le droit de retenir le livret de celui-ci jusqu'à ce que le travail objet de ces conventions, soit terminé et livré, à moins que l'ouvrier, pour des causes indépendantes de sa volonté, ne se trouve dans l'impossibilité de travailler ou de remplir les conditions de ce contrat.

Art. IV.

Les avances faites par le patron à l'ouvrier ne peuvent être inscrites sur le livret de celui-ci et ne sont remboursables, au moyen de la retenue, que jusqu'à concurrence de trente francs.

Art. V.

La retenue sera du dixième du salaire journalier de l'ouvrier.

Art. VI.

Les articles 7, 8 et 9 de l'arrêté du 9 Frimaire an XII continueront, néanmoins, à recevoir leur exécution pour le montant des avances dues par les ouvriers à leurs patrons antérieurement à la promulgation de la présente loi, sans que, en aucun cas, les livrets puissent être retenus pour assurer le remboursement de ces avances, ou que les patrons puissent se refuser à le recevoir en argent.

A cet effet, le montant de ces avances sera arrêté et inscrit sur le livret de l'ouvrier. L'inscription ainsi faite sera légalisée par le président du Conseil des Prud'hommes, ou, à son défaut, par le Juge-de-paix, dans le délai de deux mois, à partir de la promulgation de la présente loi.

Toutes les avances qui n'auront pas été constatées, suivant les formes et dans les délais énoncés dans le paragraphe précédent, seront soumises au droit commun.

Art. VII.

Les contestations qui pourraient s'élever relativement à la délivrance des congés, ou à la rétention des livrets, seront jugées par les Conseils de Prud'hommes, et, dans les lieux où ces tribunaux ne sont pas établis, par les Juges-de-paix, en se conformant aux règles de compétence et de procédure prescrites par les lois, décrets, ordonnances et réglements.

Art. VIII.

Les Juges-de-paix prononceront, les parties présentes ou appelées par voie de simple avertissement. La décision sera exécutoire sur minute et sans aucun délai.

JURISPRUDENCE.

COUR IMPÉRIALE DE BORDEAUX.

Audience du 29 Août 1853.

1.º Ouvriers.— Salaires antérieurs à l'ouverture d'une faillite.
2.º Travaux publics.— Privilège.— Ouvriers.— Saisie-arrêt.

1.º Le privilège accordé aux ouvriers pour les salaires à eux acquis dans le mois qui a précédé la déclaration de faillite, ne s'étend pas aux salaires dus pour le mois antérieur à son ouverture. (Code de commerce, 549).

2.º Les ouvriers et fournisseurs privilégiés sur les sommes dues par l'État à l'entrepreneur de travaux publics qui les a employés, s'ils ne peuvent, en cas de faillite de ce dernier, saisir-arréter ces sommes, conservent du moins le droit de faire valoir leur privilège sur la masse de la faillite. (C. comm. 551 ; Déc. 26 pluviôse an II, art. 3 et 4).

Ainsi jugé par l'arrêt suivant :

ARRÊT.

Sur l'appel principal :

Attendu que les privilèges, étant une préférence accordée à certaines créances au préjudice de la masse, ne peuvent être étendus d'un cas à un autre ;

Attendu que le privilège accordé aux créanciers par l'article 549 Code de commerce n'est relatif qu'aux salaires acquis pendant le mois qui précède la déclaration de faillite, et qu'on ne saurait l'appliquer aux salaires dus pour le mois qui a précédé son ouverture ; —Que la déclaration de faillite est un fait patent qui suspend immédiatement la vie commerciale du failli, tandis que l'époque de la cessation de paiements est un fait souvent obscur et équivoque ; — Que, si l'ouverture de la faillite est quelquefois reportée à une date antérieure à sa déclaration, c'est en général parce que, dans l'intervalle, le failli, tout en laissant la plupart de ses engagements en souffrance, a trouvé néanmoins un reste de crédit et continué quelque temps ses affaires ; que le système adopté par les premiers juges tendrait donc à établir deux classes d'ouvriers privilégiés au lieu d'une : ceux qui réclameraient le salaire du mois antérieurement à l'ouverture de la faillite ; ceux qui demanderaient le salaire du mois antérieur à sa déclaration, sans parler des créanciers qui auraient travaillé dans le temps intermédiaire, et qui, évidemment, ne seraient pas moins favorables que les premiers ; — Qu'il faut donc reconnaître que le privilège établi par l'article précité ne peut, en aucun cas, s'appliquer qu'aux salaires dus pour le mois qui a précédé la déclaration de faillite ;

Sur l'appel incident :

Attendu que les articles 3 et 4 du décret du 26 pluviôse an II ont attribué, sur les fonds dus par l'État aux entrepreneurs de travaux publics, un privilége aux ouvriers et fournisseurs qui ont concouru à ces travaux; que ce privilége, dont l'équité est évidente, n'a point été abrogé par le Code Napoléon, puisqu'un décret du 8 Novembre 1810 ordonna la publication du décret du 26 pluviôse an II dans deux départements alors nouvellement réunis à la France;

Attendu que si la faillite de l'entrepreneur ne permet plus aux créanciers dont les droits sont protégés par ce décret de saisir-arrêter, à l'exclusion de tous autres créanciers, les sommes dues par l'État à l'entrepreneur, elle ne fait point cesser pour cela leur privilège, lequel s'exerce alors conformément aux dispositions de l'article 551 Code de commerce ; que les motifs qui ont fait établir ce privilège subsistaient après comme avant la faillite, et qu'il serait souverainement déraisonnable que les ouvriers ou fournisseurs en fussent privés au moment où il leur devient plus nécessaire ;

Attendu qu'il est établi que l'intimé a fourni à Picard des voitures et attelages pour l'exécution des travaux dont cet entrepreneur était chargé, d'où suit qu'il a droit au privilège résultant du décret;

Par ces motifs :

La Cour, faisant droit tant sur l'appel principal interjeté par Fayard du jugement rendu par le Tribunal de Commerce de Libourne, le 9 Avril 1853, que sur l'appel incident, infirme ledit jugement; déclare que l'intimé n'a point droit au privilége établi par l'article 540 Code de commerce, mais qu'il a pour le montant de la créance, en principal et accessoires, un privilège spécial sur les fonds qui étaient dus par l'État à Picard au moment de la faillite.

Ouvriers. — Action directe. — Saisies-arrêts. — Effets.

L'art. 1798. C. N. donne aux ouvriers une action directe contre celui pour le compte duquel les travaux ont été faits; mais les ouvriers ne peuvent exiger que les fonds dont l'entrepreneur a été reconnu créancier soient immédiatement versés entre leurs mains, sans égard aux saisies-arrêts faites par d'autres créanciers (31 Mars 1854. — Journal des Arrêts de la Cour Impériale de Bordeaux, année 1854, page 171).

Ouvriers. — Fournisseur. — Entrepreneur. — Cautionnement. — Privilèges.

Le privilège conféré aux ouvriers et fournisseurs sur les sommes dues par l'État aux entrepreneurs de travaux publics, ne s'étend pas au cautionnement fourni par ces derniers. (Arrêt de la Cour de Bordeaux, du 21 Novembre 1848, et arrêt de la Cour de Cassation, Chambre des requêtes, du 31 Juillet 1849).

COUR DE CASSATION.

CHAMBRE DES REQUÊTES.

Audience du 22 Novembre 1853.

Ouvrier. — Salaires. — Saisie-arrêt.

Les salaires des ouvriers peuvent être saisis en vertu du principe général écrit dans les art. 2092 et 2093 C. N., et d'après lequel tous les biens d'un débiteur sont le gage de ses créanciers. Les salaires des ouvriers ne sont déclarés insaisissables, soit en totalité, soit en partie, par aucune disposition de la loi; ils ne sont point compris parmi les objets que les art. 592 et 581, n.º 4, C. de proc., déclarent insaisissables.

Ainsi jugé, au rapport de M. le conseiller d'Oms, et sur les conclusions conformes de M. Sevin, avocat-général, (Rejet du pourvoi du sieur Gosse; plaidant. M.ᵉ Huguet).

Audience du 12 Décembre 1853.

Conventions entre les maîtres et les ouvriers. — Validité. — Conseil des prud'hommes.

La convention par laquelle un maître et un ouvrier arrêtent librement et d'un commun accord le montant d'un salaire pour un ouvrage déterminé, a force de loi entre les parties, et le Conseil des prud'hommes ne peut méconnaître cette convention et substituer d'autres conditions à celles qui avaient été arrêtées entre les parties, en se fondant sur ce que le prix convenu n'était pas la juste rémunération du travail (Art. 1554 du Code Napoléon).

Cassation, au rapport de M. le conseiller Renouard, et conformément aux conclusions de M. le premier avocat-général Nicias-Gaillard, d'une décision du Conseil des prud'hommes, établi à Paris, pour l'industrie des tissus, en date du 24 Décembre 1852. (Aron, Hesse et Mathieu, contre Picot; plaidant M.ᵉ Bosviel).

Nota. — Cet arrêt est semblable à un précédent arrêt de cassation du 20 Décembre 1852.

CÉLÉBRATION DES FÊTES ET DIMANCHES.

Audience du 2 Juin 1854.

Magasins ouverts. — Arrêté municipal.

La Constitution de 1852, pas plus que la Charte de 1830 et la Constitution de 1848, n'a abrogé la loi du 18 Novembre 1814, relative à la célébration des fêtes et Dimanches. Ainsi, il y a violation de cette loi (Art. 2) et de l'arrêté municipal pris en exécution, par le Tribunal qui s'est refusé à réprimer la contravention reprochée à un marchand prévenu d'avoir étalé et vendu, à ais et volets de boutique ouverts, des marchandises de son commerce.

En se fondant sur ce que les marchandises étaient placées à plus d'un mètre du seuil de la porte, ce tribunal a admis une excuse non autorisée par la loi, et son jugement encourt la censure de la Cour de cassation.

Cassation d'un jugement du Tribunal correctionnel de Lannion, rendu le 25 Janvier 1854. — *Courrier des Tribunaux,* N.º 179).

SUPPLÉMENT.

Pendant l'impression de cet ouvrage, le Gouvernement de la Belgique ayant apporté de profonds changements à la législation de ce royaume, relative aux brevets d'invention, nous donnons ci-après la nouvelle loi et l'arrêté royal qui en règle l'exécution.

LOI DU 24 MAI 1854.

ART. 1.er Il sera accordé des droits exclusifs et temporaires, sous le nom de brevet d'invention, de perfectionnement ou d'importation, pour toute découverte ou tout perfectionnement susceptible d'être exploité comme objet d'industrie ou de commerce.

ART. 2. La concession des brevets se fera sans examen préalable, aux risques et périls des demandeurs, sans garantie, soit de la réalité, soit de la nouveauté ou du mérite de l'invention, soit de l'exactitude de la description, et sans préjudice des droits des tiers.

ART. 3. La durée des brevets est fixée à vingt ans, sauf le cas prévu à l'art. 14; elle prendra cours à dater du jour où aura été dressé le procès-verbal mentionné à l'art. 18.

Il sera payé, pour chaque brevet, une taxe annuelle et progressive ainsi qu'il suit.

1re année.	10 francs.
2.e —	20 —
3.e —	30 —

et ainsi de suite jusqu'à la 20.me année, pour laquelle la taxe sera de 200 francs. La taxe sera payée par anticipation et, dans aucun cas, ne sera remboursée.

Il ne sera point exigé de taxe pour les brevets de perfectionnement, lorsqu'ils auront été délivrés au titulaire du brevet principal.

ART. 4. Les brevets confèrent à leurs possesseurs ou ayants-droits, le droit exclusif :

a. D'exploiter à leur profit l'objet breveté ou de le faire exploiter par ceux qu'ils y autoriseraient;

b. De poursuivre devant les tribunaux ceux qui porteraient atteinte à leurs droits, soit par la fabrication de produits, ou l'emploi de moyens compris dans le brevet, soit en détenant, vendant, exposant en vente ou en introduisant sur le territoire belge un ou plusieurs objets contrefaits.

Art. 5. Si les personnes poursuivies en vertu de l'art. 4, litt. *b*, ont agi sciemment, les tribunaux prononceront, au profit du breveté ou de ses ayants-droit, la confiscation des objets confectionnés en contravention du brevet, et des instruments et ustensiles spécialement destinés à leur confection, ou alloueront une somme égale au prix des objets qui seraient déjà vendus.

Si les personnes poursuivies sont de bonne foi, les tribunaux leur feront défense, sous les peines ci-dessus, d'employer, dans un but commercial, les machines et appareils de production reconnus contrefaits et de faire usage, dans le même but, des instruments et ustensiles pour confectionner les objets brevetés.

Dans l'un et l'autre cas, des dommages et intérêts pourront être alloués au breveté ou à ses ayants-droit.

Art. 6. Les possesseurs de brevets ou leurs ayant-droit pourront, avec l'autorisation du Président du tribunal de première instance, obtenue sur requête, faire procéder, par un ou plusieurs experts, à la description des appareils, machines et objets prétendus contrefaits.

Le Président pourra, par la même ordonnance, faire défense aux détenteurs des dits objets, de s'en dessaisir, permettre au breveté de constituer gardien, ou même de mettre les objets sous scellé.

Cette ordonnance sera signifiée par un huissier à ce commis.

Art. 7. Le brevet sera joint à la requête, laquelle contiendra élection de domicile dans la commune où doit avoir lieu la description. Les experts nommés par le président prêteront serment entre ses mains, avant de commencer leurs opérations.

Art. 8. Le président pourra imposer au breveté l'obligation de consigner un cautionnement. Dans ce cas, l'ordonnance du président ne sera délivrée que sur la preuve de la consignation faite. Le cautionnement sera toujours imposé à l'étranger.

Art. 9. Le breveté pourra être présent à la description s'il y est spécialement autorisé par le président du tribunal.

Art. 10. Si les portes sont fermées ou si l'ouverture en est refusée, il sera opéré conformément à l'art. 587 du Code de procédure civile.

Art. 11 Copie du procès-verbal de description sera laissée au détenteur des objets décrits.

Art. 12. Si, dans la huitaine, la description n'est pas suivie d'une assignation devant le tribunal dans le ressort duquel elle a été faite, l'ordonnance, rendue conformément à l'art. 6, cessera de plein droit ses effets, et le détenteur des objets décrits pourra réclamer la remise du procès-verbal original, avec défense au breveté de faire usage de son contenu et de le rendre public, le tout sans préjudice de tous dommages et intérêts.

Art. 13. Les tribunaux connaîtront des affaires relatives aux brevets comme d'affaires sommaires et urgentes.

Art. 14. L'auteur d'une découverte déjà brevetée à l'étranger pourra obtenir, par lui-même ou par ses ayant-droit, un brevet d'importation en Belgique ; la durée de ce brevet n'excédera pas celle du brevet antérieurement concédé à l'étranger pour le terme le plus long, et dans aucun cas, la limite fixée par l'art. 3.

Art. 15. En cas de modifications à l'objet de la découverte, il pourra être obtenu un brevet de perfectionnement qui prendra fin en même temps que le brevet primitif.

Toutefois, si le possesseur du nouveau brevet n'est pas le breveté principal, il ne pourra, sans le consentement de ce dernier, se servir de la découverte primitive et, réciproquement, le breveté principal ne pourra exploiter le perfectionnement sans le consentement du possesseur du nouveau brevet.

Art. 16. Les brevets d'importation et de perfectionnement confèrent les mêmes droits que les brevets d'invention.

Art. 17. Quiconque voudra prendre un brevet sera tenu de déposer, sous cachet, en double, au greffe de l'un des gouvernements provinciaux du royaume, ou au bureau d'un commissariat d'arrondissement, en suivant les formalités qui seront déterminées par un arrêté royal, la description claire et complète, dans l'une des langues usitées en Belgique, et le dessin exact et sur l'échelle métrique de l'objet de l'invention.

Aucun dépôt ne sera reçu que sur la production d'un récépissé constatant le versement de la première annuité de la taxe du brevet.

Un procès-verbal, dressé sans frais par le greffier provincial ou par le Commissaire d'arrondissement, sur un registre à ce destiné, et signé par le demandeur, constatera chaque dépôt, en énonçant le jour et l'heure de la remise des pièces.

Art. 18. La date légale de l'invention est constatée par le procès-verbal qui sera dressé lors du dépôt de la demande de brevet.

Un duplicata de ce procès-verbal sera remis, sans frais, au déposant.

Art. 19. Un arrêté du Ministre de l'Intérieur constatant l'accomplissement des formalités prescrites, sera délivré sans retard au déposant et constituera son brevet. Cet arrêté sera inséré par extrait au *Moniteur*.

Art. 20. Les descriptions des brevets concédés seront publiées, textuellement ou en substance, à la diligence de l'administration, dans un recueil spécial, trois mois après l'octroi du brevet. Lorsque le breveté requerra la publication complète ou par un extrait fourni par lui, cette publication se fera à ses frais.

Après le même terme, le public sera également admis à prendre connaissance des descriptions, et des copies pourront en être obtenues moyennant le payement des frais.

Art. 21. Toute transmission de brevet par acte entre-vifs ou testamentaire sera enregistrée au droit fixe de 10 francs.

Art. 22. Le brevet sera nul, de plein droit, en cas de non-acquittement, dans le mois de l'échéance, de la taxe fixée à l'art. 3. Cette nullité sera rendue publique par la voie du *Moniteur*.

Art. 23. Le possesseur d'un brevet devra exploiter ou faire exploiter, en Belgique, l'objet breveté, dans l'année à dater de la mise en exploitation à l'étranger.

Toutefois, le gouvernement pourra, par un arrêté royal motivé inséré au *Moniteur* avant l'expiration de ce terme, accorder une prorogation d'une année au plus.

A l'expiration de la première année, ou du délai qui aura été accordé, le brevet sera annulé par arrêté royal.

L'annulation sera également prononcée lorsque l'objet breveté, mis en exploitation à l'étranger, aura cessé d'être exploité en Belgique pendant une année, à moins que le possesseur du brevet ne justifie des causes de son inaction.

Art. 24. Le brevet sera déclaré nul par les tribunaux, pour les causes suivantes :

a. Lorsqu'il sera prouvé que l'objet breveté a été employé, mis en œuvre ou exploité par un tiers, dans le royaume, dans un but commercial, avant la date légale de l'invention, de l'importation ou du perfectionnement ;

b. Lorsque le breveté, dans la description jointe à sa demande, aura, avec intention, omis de faire mention d'une partie de son secret ou l'aura indiqué d'une manière inexacte,

c. Lorsqu'il sera prouvé que la spécification complète et les dessins exacts de l'objet breveté ont été produits antérieurement à la date du dépôt, dans un ouvrage ou recueil imprimé et publié, à moins que, pour ce qui concerne les brevets d'importation, cette publication ne soit exclusivement le fait d'une prescription légale.

Art. 25. Un brevet d'invention sera déclaré nul, par les tribunaux, dans le cas où l'objet pour lequel il a été accordé, aurait été antérieurement breveté en Belgique ou à l'étranger.

Toutefois, si le demandeur a la qualité requise par l'art. 14, son brevet pourra être maintenu, comme brevet d'importation, aux termes dudit article.

Ces dispositions seront appliquées, le cas échéant, aux brevets de perfectionnement.

ART. 26. Lorsque la nullité ou la déchéance d'un brevet aura été prononcée, aux termes des articles 24 et 25, par jugement ou arrêt ayant acquis force de chose jugée, l'annulation du brevet sera proclamée par un arrêté royal.

ART. 27. Les brevets qui ne seront ni expirés ni annulés à l'époque de la publication de la présente loi, continueront d'être régis par la loi en vigueur au moment de leur délivrance.

Néanmoins, il sera libre aux titulaires de faire, dans l'année qui suivra cette publication, une nouvelle demande de brevet, dans la forme qui sera déterminée par arrêté royal.

Dans ce cas, le brevet pourra continuer à avoir cours pendant tout le temps nécessaire pour parfaire la durée de vingt ans, sauf ce qui est dit à l'art. 14.

Les brevets pour lesquels on aura réclamé le bénéfice de cette disposition seront régis par la présente loi ; toutefois, les procédures commencées avant sa publication seront mises à fin conformément à la loi antérieure.

Les titulaires de ces brevets qui auront acquitté la totalité de la taxe primitive payeront, après l'expiration du terme qui avait d'abord été assigné à leur privilège, les taxes afférentes aux années suivantes, d'après ce qui est déterminé à l'art. 3.

Quant aux titulaires des brevets qui n'auraient point soldé la taxe fixée comme prix d'acquisition du brevet primitif, il leur sera tenu compte des versements qu'ils auront déjà opérés, et les annuités seront réglées d'après les versements faits, conformément à l'art. 3.

ARRÊTÉ ROYAL DU 24 MAI 1854.

ART. 1.er Toute personne qui voudra prendre un brevet d'invention, d'importation ou de perfectionnement devra déposer une demande à cet effet, au greffe de l'un des gouvernements provinciaux du royaume, ou au bureau de l'un des commissariats d'arrondissement situés hors du chef-lieu de la province.

A cette demande seront joints, sous enveloppe cachetée :

1.º La description de l'objet inventé ;

2.º Les dessins, modèles ou échantillons qui seraient nécessaires pour l'intelligence de la description ;

3.º Un duplicata, certifié conforme, de la description et des dessins, et

4.º Un bordereau des pièces et objets déposés.

Art. 2. Le dépôt des pièces mentionnées à l'art. 1.er ne sera reçu que sur la production d'une quittance constatant le payement de la somme de dix francs, formant la première annuité de la taxe.

Cette quittance sera jointe aux autres pièces.

Art. 3. La demande sera rédigée sur papier timbré ; elle indiquera les noms, prénoms, profession et domicile réel ou élu de l'inventeur, dans le royaume. Elle énoncera un titre renfermant la désignation sommaire et précise de l'objet de l'invention. Chaque demande ne comprendra qu'un seul objet principal avec les détails qui se rattachent à cet objet, et les applications qui auront été indiquées.

Lorsqu'il s'agira d'un brevet d'importation, la requête fera connaître la date et la durée du brevet original et le pays où il a été concédé. Si l'auteur de la demande n'est pas le titulaire du brevet étranger, mais son ayant-cause, celui-ci devra justifier de sa qualité au moyen d'un acte en due forme.

Art. 4. La description devra être rédigée en langue française, flamande ou allemande.

La description qui ne serait pas rédigée en français devra être accompagnée d'une traduction en cette langue, lorsque l'auteur de la découverte ne sera pas domicilié en Belgique.

La description devra être écrite sans altération ni surcharge ; les mots rayés comme nuls seront comptés et constatés, les pages et les renvois paraphés.

La description fera connaître d'une manière claire et complète l'invention, et elle se terminera par l'énonciation précise des caractères constitutifs de celle-ci.

Art. 5. Les dessins devront être tracés à l'encre et sur échelle métrique. Ils représenteront, autant que possible, l'appareil ou machine à breveter, en plan, coupe et élévation. Les parties des dessins qui caractérisent spécialement l'invention auront une teinte différente de celle des autres parties.

Art. 6. Toutes les pièces devront être datées et signées par le demandeur ou par son mandataire dont le pouvoir, dûment légalisé, restera annexé à la demande.

Art. 7. Un procès-verbal dressé par le greffier du Gouvernement provincial ou par le Commissaire d'arrondissement constatera la remise de chaque paquet aux jour et heure qu'elle aura été effectuée. L'invention y sera désignée sous le titre sommaire et véridique que le demandeur aura indiqué.

Ce procès-verbal contiendra les noms, prénoms, qualité et domicile du demandeur ou de son mandataire. Il indiquera également, lorsqu'il s'agira d'un brevet d'importation, la date et la durée du brevet d'invention dans le pays d'origine , et le nom du breveté. Enfin mention y sera faite du payement de la première annuité.

Ce procès-verbal sera signé par le déposant et par le rédacteur, et sera fixé sur l'enveloppe du paquet contenant les pièces relatives à la demande de brevet.

Une expédition du procès-verbal sera délivrée, sans frais, au déposant.

Art. 8. La date légale de l'invention est constatée par ledit procès-verbal.

Art. 9. Les bureaux des greffiers provinciaux et ceux des Commissaires d'arrondissement seront ouverts, pour les demandes de brevets , tous les jours , les Dimanches et fêtes exceptés, de dix à deux heures de relevée.

Art. 10. Toutes les pièces relatives aux demandes de brevet seront transmises, dans les cinq jours, au département de l'intérieur.

Art. 11. A l'arrivée des pièces au département de l'intérieur, les demandes seront enregistrées , dans l'ordre de date de leur entrée , sur un registre spécial, que le public pourra consulter tous les jours , les Dimanches et fêtes exceptés, de dix heures du matin à deux heures de relevée.

Art. 12. En cas d'omission ou d'irrégularité dans la forme , les demandeurs seront invités à effectuer les rectifications nécessaires.

Il sera tenu note de la date de ces rectifications sur le registre spécial, mentionné à l'article précédent.

Art. 13. Il sera procédé sans retard à la délivrance des brevets qui auront été demandés d'une manière régulière.

Un arrêté de Notre Ministre de l'intérieur, constatant l'accomplissement des formalités prescrites , sera délivré au demandeur et constituera son brevet.

Art. 14. Le brevet mentionnera expressément que la concession en est faite sans examen préalable, aux risques et périls des demandeurs , sans garantie , soit de la réalité , soit de la nouveauté ou du mérite de l'invention , soit de l'exactitude de la description , et sans préjudice des droits des tiers.

Art. 15. La première expédition des brevets sera remise sans frais. Toute expédition ultérieure demandée par le breveté ou ses ayant-cause donnera lieu au remboursement des frais.

Art. 16. Les descriptions des brevets seront publiées textuellement ou en substance, à la diligence de l'administration, dans un recueil spécial , trois mois après l'octroi du brevet.

Lorsque le breveté voudra obtenir la publication complète de ses spécifications ou d'un extrait fourni par lui , il devra en donner avis à l'administration, au moins un mois avant l'expiration du terme fixé au paragraphe précédent, et consigner la somme qui serait nécessaire pour couvrir les frais de cette publication.

Art. 17. Après le même terme de trois mois, le public sera admis à prendre connaissance des descriptions, et des copies pourront en être obtenues moyennant le remboursement des frais.

Art. 18. Le breveté qui voudra obtenir une prolongation de délai, dans le cas prévu par l'article 23 de la loi, pour la mise à exécution de l'objet breveté, devra adresser sa demande au Ministre de l'intérieur deux mois au moins avant l'expiration du délai fixé par ledit article.

Cette demande devra être suffisamment motivée, et indiquer, dans la limite légale, le terme nécessaire pour la mise en œuvre de l'invention.

Art. 19. Toute cession ou mutation, totale ou partielle, de brevet, devra être notifiée au département de l'intérieur.

La notification de la cession ou de tout autre acte emportant mutation, devra être accompagnée d'un extrait authentique de l'acte de cession ou de mutation.

Art. 20. Les titulaires dont les brevets ne sont ni expirés ni annulés à l'époque de la publication de la loi du 24 Mai 1854, pourront obtenir que leurs titres soient placés sous le régime de cette loi, en formant leur demande avant le 25 Mai 1855.

Les brevetés qui n'auraient point payé, au moment où ils demanderont à jouir du bénéfice de cette disposition, une somme égale au montant des annuités échues, d'après la base établie à l'art. 3 de la loi, seront tenus d'effectuer ou de compléter ce payement et d'en justifier au moyen d'une quittance qu'ils joindront à leur demande. Faute d'accomplir cette obligation, la demande sera considérée comme non avenue.

Une déclaration constatant que le brevet est placé sous le régime de la loi nouvelle sera envoyée à l'intéressé.

Art. 21. Les concessions de brevet, les actes de cession ou de mutation, ainsi que les déclarations mentionnées dans l'article précédent, seront publiés au recueil spécial des brevets.

Il en sera de même des arrêtés prononçant l'annulation ou la mise dans le domaine public du brevet.

Art. 22. A l'expiration des brevets, les originaux des descriptions et dessins seront déposés au Musée de l'industrie.

TABLE DES MATIÈRES.

TITRE III. — Des droits des étrangers.

TITRE IV.

Des nullités et des déchéances et des actions y relatives.

FIN.

BORDEAUX. — IMPRIMERIE DE TH. LAFARGUE.